Das Wesen und der Verkehr mit Geistern
Dr. Franz Hartmann

Sonderausgabe Nr.: 13

Mein Dank geht an Peter Windsheimer für das Design des Titelbildes. Des Weiteren an Ariane und Michael Sauter.

Für Schäden, die durch falsches Herangehen an die Übungen an Körper, Seele und Geist entstehen könnten, übernehmen Verlag und Autor keine Haftung.

Herstellung und Verlag:
BoD – Books on Demand, Norderstedt
ISBN 9783746013237

I. Unsichtbare (übersinnliche) Welten
und ihre Geschöpfe

„Der sinnliche Mensch nimmt das nicht auf, was vom Geiste Gottes kommt; ihm ist es eine Torheit und er vermag es nicht zu fassen, weil es nur geistig erfasst werden kann."
1. Korinther. II, 14)

„Wir brauchen die Grenzen der Analogie unseres bisher erworbenen Wissens gar nicht zu überschreiten, um dennoch den Weltenraum uns mit Wesen in aufsteigender Linie bevölkert zu denken; bis wir zu Wesen gelangen, die tatsächlich nicht mehr unterscheidbar sind von Allmacht, Allgegenwart und Allweisheit." – Prof. Huxley.

Im Studium der Mystik ist es vor allem nötig, sich über die Bedeutung der Worte, welche man gebraucht, zu verständigen. Unter dem Worte „Geist" verstehen wir einen Ausfluss des Willens, einen durch den Willen belebten Gedanken, eine Idee, sei dieselbe nun verkörpert oder nicht. Nach dieser Auffassung sind alle sichtbaren und unsichtbaren Dinge Produkte einer innerlich wirkenden geistigen Kraft, deren Charakter sich in der äußerlichen Erscheinung ausgeprägt hat; alle Dinge sind verkörperte Gedanken, durch den Geist ins Dasein gebracht, und wer dieser Anschauung huldigt, für den liegt der Schluss nahe; dass im Weltall eine Menge von Gedanken oder Vorstellungen gibt, welche für uns nicht sichtbar verkörpert sind, die aber doch in ihrer Art substantiell sein müssen; denn wo keine Substanz (sub – unter, sto – stehen), d. h. nichts dem Dasein Unterliegendes vorhanden wäre, da wäre weder eine Idee noch etwas anderes denkbar.

Aber es ist nicht unsere Absicht, uns in Spekulationen über die Möglichkeit der Existenz von Elementargeistern, oder vielmehr Elementarwesen, zu ergehen, und die obigen Bemerkungen sollen nur dazu dienen, den gewöhnlichen Einwänden schon im voraus zu begegnen. Es handelt sich vielmehr für uns darum, was die indische Philosophie über dergleichen Dinge lehrt, kennen zu lernen.

Die Welt hat ein ganz verschiedenes Aussehen, je nachdem man sie vom geistigen oder vom sogenannten materiellen Standpunkte aus betrachtet. Wir sagen vom sogenannten materiellen Standpunkte, weil uns noch kein Materialist darüber aufgeklärt hat, was Materie ist; auch er muss, wenn er logisch denken will, alles Entstehen auf eine Entstehungsursache zurückführen, welche wir Geist (Atma) und ihre Tätigkeit Leben (Prana) nennen. Zieht er es vor, diese Ursache als toten Stoff zu betrachten, so setzt er den Tod an die Stelle des lebendigen Geistes und macht aus der Ohnmacht eine Allmacht, welche das alle Wunder der Heiligen übertreffende Wunder bewirkt, ein Etwas aus Nichts zu erschaffen.

H. P. Blavatsky sagt: „Der allgegenwärtige kosmische Äther war für die Alten nicht ein unbewohntes leeres Etwas, das sich durch den weiten Himmelsraum erstreckte, sondern ein uferloser Ozean, welcher ähnlich wie unsere irdischen Meere bevölkert war, in welchem Götter und Planetenengel, riesige sowohl als kleine Geschöpfe wohnten, und dieses Weltmeer hatte in jedem seiner Atome den Keim des Lebens, vom latenten Zustande bis hinauf zum vollkommen entwickelten. Wie die schuppigen Geschlechter, welche unsere Gewässer bevölkern, und von denen jedes denjenigen Ort einnimmt, wozu es sonderlich geeignet ist, und wovon manche dem Menschen freundlich, andere feindlich sind, die einen sich in stillen Buchten und geschützten Winkeln aufhalten, während andere die Tiefe und Weite des Meeres durchstreifen; so kannten die Alten auch verschiedene Geschlechter von Planeten-, Elementar- und anderen Wesen, welche das Weltmeer des Äthers bewohnten, und deren Natur für ihre Umgebung geeignet war.

Nach der Lehre der Alten war jeder dieser Bewohner des ätherischen Reiches, von den höchsten Göttern (Devas) bis hinab zu den seelenlosen Elementarwesen, ein Produkt der Evolution, hervorgebracht durch die immerwährende Bewegung, welche im Astrallichte herrscht. Licht ist eine Kraft, und der Kraft liegt Wille zugrunde; der Wille aber entspringt aus einem Bewusstsein, welches nicht irren kann, denn es ist absolut und unabänderlich; es hat nichts von den materiellen Bestandteilen des menschlichen Denkens in sich; es ist die reine Ausstrahlung des Einen Lebens (der ewigen Einheit) selbst, und entfaltet von allem Anfange an das ursprüngliche Gewebe, welches für spätere Generationen von Geschöpfen, welche wir Menschen nennen, nötig ist. Die Bezeichnung Menschheit ist doppelsinnig, weil der Mensch eine Doppelnatur hat. In der Tat ist nur der sich selbst erkennende gottähnliche Mensch ein wirklicher Mensch; das übrige ist ein tierähnliches Geschöpf, aus dem ein Mensch sich entwickeln kann. Bei allen diesen Menschengeschlechtern, seien sie nun Bewohner dieses Planeten (unserer Erde) oder eines anderen von den Tausenden von Planeten im Weltenraum, entwickelt sich der materielle Körper in diesem Boden (dem Astrallichte) aus den Körperformen einer gewissen Klasse von

Elementarwesen, den ursprünglichen Keimen von Göttern und Menschen, welche in die (für uns) unsichtbaren Regionen übergegangen sind. In der Philosophie der Alten war kein fehlendes Glied, das zu ersetzen die Phantasie der Gelehrten in Anspruch nahm; da gab es keine Lücke, welche mit Schiffsladungen von philosophischen Spekulationen auszufüllen waren, und bei denen es sich um den törichten Versuch handelte, eine Gleichung durch nur zwei gegebene Faktoren zu lösen, unsere Vorfahren vor alten Zeiten verfolgten das Gesetz der Evolution im Universum als einem Ganzen."

Es unterliegt keinem Zweifel, dass die Natur uns um so großartiger erscheint, je höher der Standpunkt ist, von dem aus wir sie betrachten. Wer glaubt, dass die ganze Naturwissenschaft auf diesen Erdball nicht beschränkt sei, der steht nicht viel höher als derjenige, welcher sich einbildet, dass außerhalb seines Laboratoriums oder Museums nichts mehr vorhanden sei. Die Weisen unterscheiden deshalb eine kleine (Mikro) und eine große (Makro) Naturwissenschaft. Die kleine befasst sich nur mit dem, was man mit den Sinnen direkt wahrnehmen, oder es durch das Mikroskop, Teleskop usw. den Sinnen wahrnehmbar machen kann, und mit den aus der Beobachtung äußerer Naturerscheinungen gefolgerten Schlüssen. Diese kleine Wissenschaft hat sich in unserer Zeit so in allen möglichen Einzelheiten und Spezialitäten verloren, dass dabei die Anschauung und Erkenntnis der Einheit des Ganzen verloren gegangen ist. Der moderne Spezialist gleicht einem Insekte auf einem Baumblatte, welches wohl die Geographie des Blattes, auf dem es herumkrabbelt, kennt, aber vom Dasein des Baumes, seinem Stamme, seinen Wurzeln und Zweigen nichts weiß. Er kann den Baum vor Blättern oder den Wald vor lauter Bäumen nicht sehen. Die große Naturwissenschaft dagegen erkennt den Geist durch den Geist in der ganzen Schöpfung. Wem die Augen weit genug aufgegangen sind, um das Gesetz des Geistes in der Natur zu erkennen, für den ist auch die Wirkung dieses Gesetzes in der Natur kein Geheimnis mehr; er sieht, dass ein und dasselbe Gesetz überall dieselben Wirkungen hat, welche nur in ihren Äußerungen verschieden sind, je nach den Bedingungen, unter denen sie auftreten, und darauf beruht auch die Analogie, welche man in allen Reichen der Natur findet, so dass alles Sichtbare nur mehr als ein Sinnbild des Unsichtbaren, alles Vergängliche als ein Gleichnis des Ewigen erscheint.

Wie sich aus dem Planetennebel im Weltenraum nach und nach eine Welt mit ihren Geschöpfen und zuletzt der physische Körper des Menschen entwickelt, so besteht auch eine ununterbrochene Reihe von Entwicklungsprodukten und individuellen Wesenheiten vom kosmischen Äther bis zum fleischgewordenen Menschengeiste. Diese Evolution findet statt durch das Herabsteigen des Geistes (Bewusstseins) in die dichte Materie, und durch ein Aufsteigen des vervollkommneten, durchgeisteten Stoffes zum Ursprunge von allem. Das Herabsteigen des Geistes in die Verdichtung und Sondersein wurde von den Alten als eine Erniedrigung (Sündenfall) erkannt. In dieser vollständigen Evolutionskette nahmen die geistigen und Elementarwesen ihre bestimmte Stelle zwischen beiden Extremen (Materie und Geist) ein, ähnlich wie das Darwinische fehlende Glied zwischen dem Menschen und Affen.

Dass der Mensch nicht bloß ein Entwicklungsprodukt aus dem Tierreiche ist, sondern vielmehr ein höheres Wesen, welches einen aus der irdischen Materie entstandenen Körper bewohnt, hat auch Theophrastus Paracelsus erkannt, und er spricht deshalb von zwei Vätern des Menschen. Das Tierreich ist der Vater der Tiernatur des Menschen, das Gottesreich ist der Vater, aus dem der göttliche Mensch hervorgegangen ist.

Wo der materielle geistlose Tiermensch nur Zusammensetzungen geistloser Stoffe sieht, da sieht der geistig erwachte Mensch alles vom Geiste durchleuchtet. Für ihn gibt es keine tote Materie; für ihn sind alle Körper auf der Erde sowohl als im unendlichen Weltenraum Erscheinungen, entstanden durch die magische Zauberkraft des allgegenwärtigen Willens in der Natur, Formen, in denen sich das Allgemeinleben und Allgemein-bewusstsein auf verschiedene Weise, die von den Bedingungen des Stoffes, in dem es auftritt, abhängig ist, offenbart. Für ihn ist jedes Ding ein Gedanke Gottes in der Natur, vollkommen, unvollkommen, oder verkehrt ausgedrückt, je nachdem der Erdgeist diesen Gedanken bearbeitet hat; jedes Ding ist für ihn eine Behausung des ewigen Lichtes, eine Lichtflamme, deren verborgenes Feuer angefacht ist durch das Feuer der Liebe und das Licht der Erkenntnis, aufgeblüht durch die Kraft des innerlich wirkenden Willens; jedes Ding ein äußerliches Symbol eines verborgenen Gedankens, ein Wort in der Sprache des Geistes in der Natur.

Das verborgene Leben in der Natur ist etwas, das nicht bloß von den alten Weisen gekannt und beschrieben, und von den modernen Philosophen erraten ist, sondern alle noch unverdorbenen Naturvölker haben es geahnt und davon geträumt, wie die Mythen und Sagen selbst unter ganz unzivilisierten Nationen beweisen, und alle großen Dichter, alle edlen Naturen fühlen das Dasein einer höheren Welt. Kinder nehmen oft die

Bewohner des Astrallichtes wahr, so lange ihre innere Wahrnehmungsfähigkeit noch nicht durch den Verdichtungsprozess, den man Pädagogik nennt, abgestumpft ist.

Einem Romanschreiber ist es erlaubt, manche Wahrheit zu sagen, die man in Werken wissenschaftlicher Art nicht erwähnen darf, ohne sich den Unwillen derjenigen zuzuziehen, welche gerade deshalb, weil sie selbst innerlich nichts zu sehen fähig sind, alles äußerlich bewiesen haben wollen. Unter den vielen Schriftstellern, welche von Elementargeistern geschrieben haben, ist vielleicht keiner der Wahrheit näher gekommen, als Sir E. Bulwer-Lytton, der Verfasser von „Zanoni". Da sagt der weise Mejnour zu Glyndon: „Je unwissender ein Mensch ist, umso mehr ist er vom Eigendünkel besessen. Jahrtausende lang sah er in den zahllosen Welten, welche wie Luftblasen auf einem uferlosen Meere im Weltenraum schimmern, nichts als niedliche Lichter, welche es der Vorsehung anzuzünden gefiel, und die keinen anderen Zweck hatten, als dem Menschen die Nacht angenehm zu machen. Die Astronomie hat diesem Wahne der Eitelkeit ein Ende gemacht, und man entschloss sich widerwillig, einzusehen, dass Sterne Welten sind, größer und herrlicher noch als die unsrige. Überall entdeckt die Wissenschaft Leben. Ziehen wir nun das Gesetz der Analogie in Betracht; wenn es nicht ein Blatt und nicht einen Wassertropfen gibt, der nicht ebenso wie ein Stern am Himmel eine bewohnbare und lebende Welt ist; ja, wenn sogar der Mensch eine ganze Welt für andere Geschöpfe ist, von denen Millionen und Myriaden in seinen Adern leben und seinen Körper bewohnen, wie er selber die Erde bewohnt, so würde der gesunde Menschenverstand (wenn unsere Schultyrannen einen hätten) lehren, dass die uns umgebende Unendlichkeit, welche du Raum nennst, das grenzenlose Unfühlbare, welches die Erde vom Monde und von den Sternen trennt, auch mit seinem eigenartigen und für dasselbe geeigneten Leben erfüllt ist. Ist es nicht eine sichtbare Torheit sich einzubilden, dass jedes Blatt von Daseinsformen schwärmt, und dass dennoch in der Unermesslichkeit des Raumes kein Leben enthalten sei! Das Gesetz der großen Welteinrichtung gestattet nicht einmal die nutzlose Verschwendung eines Atoms; es kennt keinen Ort, wo nicht irgendetwas Lebendiges atmet. Kannst du dir denn vorstellen, dass der Weltenraum, welcher die Unendlichkeit selber ist, allein eine Wüste, eine Verschwendung, er allein leblos und weniger zum allgemeinen Dasein nützlich sei als das bevölkerte Blatt und der bewohnte Tropfen? Das Mikroskop zeigt Dir die Bewohner eines Blattes, aber keine mechanische

Vorrichtung ist noch erfunden worden, um die edleren und begabteren Wesen, welche in dem unbegrenzten Weltmeere schweben, zu entdecken. Dennoch besteht zwischen diesen und den Menschen eine geheimnisvolle und schreckenerregende Wahlverwandtschaft. Wer diese Grenze überschreiten will, dessen Seele, welche auf diese Dinge lauscht, muss ihre Wahrnehmung durch die Begeisterung schärfen und frei von irdischen Begierden sein. Wenn du so vorbereitet bist, so kann dir die Wissenschaft zu Hilfe kommen; dein Gesicht kann geschärft, deine Nerven feinfühlender gemacht werden, dein Geist mehr lebendig und wahrnehmend werden, und es gibt gewisse Mittel, das Element selbst, die Luft, den Raum, fühlbarer und sichtbarer zu machen. Es gibt im Raume Millionen von Wesen nicht geradezu geistiger Natur, denn wie die Mikroben, welche das unbewaffnete Auge nicht sehen kann, haben auch sie gewisse materielle Formen, wenn auch fein und ätherisch, die mit einem Schleier oder Spinngewebe verglichen werden könnten, welche den Geist bekleiden. Es gibt darunter die verschiedenartigsten Geschlechter; manche von außerordentlicher Weisheit, andere von schrecklicher Bosheit; manche so feindselig wie Teufel gegen den Menschen, andere, die als Friedensboten zwischen der Erde und dem Himmel dienen …"

So sprach einer der genialsten Schriftsteller Englands, und es ist anzunehmen, dass er noch mehr wusste, als er der Öffentlichkeit zu übergeben geneigt war. Mit seiner oben angeführten Auseinandersetzung stimmte die indische Geheimlehre überein. Sie teilt die unsichtbaren Wesen im Universum in folgende Hauptklassen ein, welche wieder unzählige Unterabteilungen haben:

1. Arupa-Devas, Götter oder vielmehr Intelligenzen (Kräfte), welche in keine besondere Form (rupa) gekleidet sind. Wir können sie nicht beschreiben, wohl aber könnten sie auf der materiellen Ebene mit Luft, Licht, Wärme, Elektrizität verglichen werden, welche auch überall sind, ohne deshalb ihre Individualität zu verlieren.

2. Rupa-Devas, Götter, welche noch nicht der Illusion (Maya) des persönlichen Seins entwachsen sind und deshalb individuelle Erscheinungen darstellen. Hierher gehören Planetengeister (Dhyan-Chohans), die Herren des Lichtes, in der katholischen Kirche Erzengel und Engel genannt. Die Inder sprechen von 330 Millionen solcher Devas, in 33 Klassen, welche die drei Welten über uns bewohnen.

3. Elementarwesen, worunter die im Astrallichte existierenden

Wesenheiten (Eidolon, Umbra) von aus dem Körper abgeschiedenen Menschen zu verstehen sind, von denen es vielerlei Arten mit mehr oder weniger oder auch ohne Intelligenz oder Bewusstsein gibt. Hierher gehören die Pisachas (männliche) und Mohinis (weibliche) Gespenster, Incubi und Succubi u. dgl., über die auch im Deutschen eine große Literatur existiert.

4. Mara-rupas. Die Gedanken und Willensformen, welche von den Ausflüssen der Begierden (Kama) und Leidenschaften (Mara) entstehen; von Paracelsus als die Produkte der Imaginatio unter verschiedenen Namen beschrieben. Ihr Reich ist Kamaloka, das Reich der Begierde, welches überall auf unserer Erde zu finden ist.

5. Naturgeister (seelenlose Wesen), auch Geister der Elemente genannt. Sie sind die Bewohner der vier Elementarreiche, welche als Erde, Luft, Feuer und Wasser bezeichnet werden, unter welchen aber nicht die äußerlichen sichtbaren Verkörperungen dieser Elemente zu verstehen sind, sondern vielmehr deren psychische Grundlage (Substanz). Hierher gehören als Hauptgruppen die Gnomen der Erde, die Sylphen der Luft, die Salamander des Feuers und die Undinen des Wassers. Sie sind im allgemeinen als formlose lebendige Naturkräfte zu betrachten, können aber unter gewissen Umständen als individuelle Erscheinungen und Bewusstseinsformen auftreten. Unzählige Geschichten und Märchen handeln von ihnen. Märchen und Lüge sind aber zweierlei Dinge; Märchen und Fabeln sind wahr, wenn in ihnen unter der künstlich verfertigten Maske eine Wahrheit verborgen ist.

6. Dämonen und Teufel (Rakschasas). Die Geister verkommener, boshafter, teuflischer Menschen; seien dieselben nun die Ausflüsse noch auf Erden verkörpert lebender Menschen, oder Bewohner der Astralebene.

Der Mensch aber braucht, um irgendeine Klasse dieser Geister kennen zu lernen, nicht weit zu gehen und nicht nach außen zu suchen; er darf nur sein eigenes Wesen und seine Umgebung kennen lernen, und er findet dort alle Beweise, die er nötig hat. Er selbst existiert auf Erden auf den vier Daseinsstufen, der göttlichen, geistigen und Astralebene und in der Körperwelt, und bewohnt diejenige Ebene, auf welche er sein Bewusstsein versetzt. Da nimmt er dann dasjenige wahr, wozu er selber gehört; er kann in seinem Innersten Gott und Götter, in seinem Gemüte die Engel und Teufel, in seiner eigenen Astralwelt die Bewohner derselben und im äußerlichen Leben die sinnliche Körperwelt finden. Die eigene Erfahrung ist besser als alle blinde Spekulation.

Devas.

Wir werden im folgenden darauf zurückkommen, was die europäischen Mystiker von diesen verschiedenen Klassen von Elementarwesen sagen, und besonders was Paracelsus darüber schreibt; wollen aber zuvor noch einen Blick auf die Götter und Dämonen der Griechen und Römer werfen; wobei wir von der Überzeugung ausgehen, dass diese unsterblichen Intelligenzen existierten und noch immer vorhanden sind; denn wären sie blasse Erfindungen, so wäre es auch eine sehr überflüssige Zeitverschwendung, nachzuforschen, was Ägypter, Griechen und Römer in Bezug auf etwas, das nicht ist und niemals war, geglaubt haben. Allerdings ist schließlich alles bloß ein Spiel der Phantasie, aber in einem ganz anderen Sinne als dies gewöhnlich aufgefasst wird; nämlich ein Spiel der Vorstellung des Universalweltgeistes und nicht unserer menschlichen Einbildung. Im mystischen Sinne erschuf Gott die Welt nicht, sondern bildete sich bloß ein, sie zu erschaffen; aber es sind diese Produkte der schöpferischen Einbildung unsere wirkliche Welt, und wir selbst sind solche ins Dasein getretene Träume. So sind selbst die Götter nur Vorstellungen oder Gottesgedanken, welche am Ende wieder zu ihrem Ursprung zurückkehren; es gibt kein absolutes Sein als die ewige Wahrheit. H. P. Blavatsky sagt: „Xenokrates lehrte, dass die Daimonen Wesen seien, welche auf einer Stufe zwischen göttlicher Vollkommenheit und menschlicher Sündhaftigkeit stehen und er teilte sie in Klassen und Unterabteilungen ein. Er sagt, dass die individuelle Seele eines jeden Menschen der schützende Daimon desselben sei, und dass kein anderer Daimon soviel Macht über uns habe, als unser eigener. Der Daimonion des Sokrates war kein böser Geist; sondern der Gott oder das innere Selbst, welches ihn so lange er lebte, inspirierte und leitete; wie auch jeder von uns sich von seinem eigenen über Leben und Tod des Körpers erhabenen, unsterblichen Gott führen und leiten lassen oder ihm den Gehorsam verweigern kann.

Herakleides nennt die Geister Daimonen mit luftigen nebelhaften Körpern, und sagt, dass die Seelen die Milchstraße bewohnen, ehe sie in das Dasein unterhalb des Mondes (=Erdgürtelzone) herabsteigen. Zwischen den höchsten und den niedersten Göttern sieht er drei Klassen von Dämonen, wovon die ersten zwei für uns unsichtbar sind, da ihre Leiber aus einem Äther und Feuer bestehen; die dritte Klasse hat nebelförmige Leiber, die in der Regel auch unsichtbar sind, aber durch Verdichtung für einige Augenblicke sichtbar werden können. Sie sind die erdgebundenen Geister, welche wir Astralseelen nennen.

Das Wort Daimonios hatte unter den Griechen eine ganz andere Bedeutung als diejenige, welche dem Worte Dämon heute zugeschrieben wird, und wurde für Geister oder Götter verschiedener Art gebraucht.

Apulejus sagt: Die menschliche Seele ist ein Dämon, welcher in unserer Sprache als Genius bezeichnet werden kann. Sie ist ein unsterblicher Gott (Deva), wenn sie auch in gewisser Beziehung zugleich mit dem Menschen, an den sie gebunden ist, geboren wird. Wir können sagen, dass sie stirbt wie der Mensch; aber nur auf dieselbe Art, wie sie geboren wird. D. h. sie tritt in den Körper ein, verbindet sich mit ihm und wird durch den Tod des Körpers wieder von demselben frei; wobei aber die zweifache Natur derselben, ihr göttlich-menschlicher und ihr menschlich-tierischer Teil (Buddhi-Manas und Kama-Manas) in Betracht zu ziehen sind.

Geistig hochstehende Menschen, wurden überhaupt im Altertume als Götter bezeichnet, oder als Inkarnationen von Göttern betrachtet, was sie ja auch in der Tat sind. Das aber, was die Halbgelehrten und Spiritisten als Geister bezeichnen, erkannte man als die Astral-Überbleibsel verstorbener Menschen und Tiere und nannte diese Dinge Larvae und Umbrae, Gespenster und Schatten. Cicero sagt in Bezug auf die Götter: Wir wissen, dass von allen lebenden Wesen der Mensch der am besten gebildete ist, und da die Götter zu dieser Klasse gehören, so müssen sie eine menschliche Form haben. Ich sage nicht, dass die Götter einen (irdischen) Leib und Blut darin haben, aber ich sage, dass sie so scheinen, als ob sie Körper mit Blut darin hätten. Epikurus, für den die verborgenen Dinge so greifbar waren, als ob er sie mit dem Finger berührt hätte, lehrt uns, dass Götter nicht für gewöhnlich sichtbar sind, dass dieselben aber verständlich sind; dass sie nicht Körper mit einem gewissen Grad von Solidität seien; dass wir sie aber an ihren vorüberziehenden Erscheinungen erkennen können, und dass da im unendlichen Weltenraum genug Atome sind, um solche Erscheinungen hervorzubringen, die vor uns hervorgebracht werden, und uns erkennen machen, was diese seligen unsterblichen Wesen sind.

Auch heutzutage sind es nicht, wie viele meinen, nur alte Weiber und Narren, die an die Möglichkeit des Daseins von andern Wesen als Menschen und Tieren im Weltall glauben; die Kurzsichtigkeit der

Wissenschaft ist die Ursache, dass sie statt des Lebens nur den Stoffwechsel, und nur die Gravitation, nicht aber die Liebe kennt. Der blinde Materialist sieht in dem Weltall nichts als ein Konglomerat toter Stoffe, aus denen auf eine unerklärbare Weise eine Tätigkeit geschaffen wird, welche man Leben und Bewusstsein nennt; der Mystiker sieht in der ganzen Welt überall Geist, nirgends tote Materie; überall ist für ihn Leben und Bewusstsein, welches in stofflichen Körpern offenbar wird. Der orthodoxe Protestantismus weiß von nichts als von dem blinden Glauben an den toten Buchstaben der Bibel; er kennt weder Geister noch Geist, noch die geistige Bedeutung der heiligen Schrift, und geht deshalb auch mit Riesenschritten seinem Verfalle entgegen; der Katholizismus (im engeren Kreise) ahnt den lebendigen Geist hinter dem Schleier der äußeren materiellen Erscheinung, glaubt an gute und böse Bewusstseinsformen (Engel und Teufel) und teilt die überirdischen Wesen in verschiedene Klassen ein. So finden wir in den „Geheimen Figuren der Rosenkreuzer" vom 16. und 17. Jahrhundert, 1. Teil, Tafel 11, folgende Zusammenstellung.

Zu oberst, oder, wenn wir wollen, im Zentrum, ist die geoffenbarte Gottheit, Jehovah; die Einheit, aus der alles entspringt und in die alles zurückkehrt, das A und O, das alles umfasst, und als die geistige Sonne des Weltalls (Brahma) dargestellt ist.

Aus diesem Lichte entspringen, oder richtiger gesagt, in diesem werden offenbar die Archangeli, Angeli, Throni, Dominationes, Potestates, Principalitates und Virtutes.

Aus diesen in zweiter Linie, vergleichbar mit dem Widerschein des Sonnenlichtes, werden erkenntlich die sieben Planeten oder Uranfänge der Dinge; symbolisiert durch die Zeichen von Sonne, Mond, Jupiter, Merkur, Mars, Venus und Saturn, welche alle lebendige geistige Kräfte oder Bewusstseinszustände und somit etwas ganz anderes vorstellen, als was die Kalendermacher darunter verstehen.

Dies sind die lebendigen himmlischen Kräfte in der Natur und durch ihre Wirkung in der Materie kommen unzählige sichtbare sowohl als unsichtbare Formen ins Dasein, und jedes Geschöpf, das ein individuelles Dasein hat, hat auch sein individuelles Leben, somit seine individualisierte Seele, respektive seinen Astralkörper, dessen äußerer Ausdruck die sichtbare Form ist; und wie das innere Bild der Abglanz des innersten Lichtes ist, so ist die äußere Erscheinung die Widerspiegelung des inneren Bildes; sei es nun ein genaues Abbild oder eine verzerrte Karikatur. Auf diese Weise wohnt in jeder Blume eine gütige Fee, d. h. eine lebendige

Kraft, deren Haupteigenschaft Schönheit und Harmonie ist, und in der Seele des Menschen ist nicht nur Gott, sondern auch das Himmelreich und schließlich das ganze Tierreich vertreten.

Der Mensch ist das Zentrum, zu dem die ganze Natur strömt, um sich durch ihn wieder zu ihrem göttlichen Ursprunge zu erheben. Deshalb sehen wir in obengenannter Figur, wie sich aus diesem Zentrum, dem Lapis Philosophorum, die sieben Metalle, d. h. mystische Kräfte, und die höheren Bewusstseinsformen entwickeln, bis schließlich alles, aber in selbstbewusster gereinigter Form in seinen Ursprung zurückkehrt.

Was im Indischen als Götter oder Devas bezeichnet wird, findet sich in der christlichen Mystik vielfach unter dem Namen Engel. Die Götter der Ägypter, Griechen und Römer sind auch heute noch da, sie sind nur von der christlichen Kirche umgetauft worden, und der Jupiter Olympus von früher ist jetzt St. Peter in Rom.

Engel.

Meister Eckhart sagt: „Das Wesen der Engel ist Vernunft, und durch diese genießen sie die unablässige Anschauung des göttlichen Lichtes. Ihre Zahl ist unendlich groß, der unendlichen Fülle der Gottheit entsprechend. Jeder Engel hat seine besondere Natur und empfängt die Totalität der Natur auf besondere Weise. Je näher er Gott ist, um so höher ist sein Rang; jeder empfängt von Gott so viel, als er zu empfangen fähig ist. Der Engel ist ein fleckenloser Spiegel, in welchem sich das göttliche Licht ohne Trübung reflektiert. So steht er frei und immateriell zwischen Gott und Materie. Selber ein Bild Gottes durchleuchtet er all sein Wesen mit dem Bilde Gottes."

Jakob Boehme sagt: Aus der Kraft gebiert sich das Feuer, und aus dem Feuer der Geist, und der Geist macht im Feuer wieder die Kraft, also dass es ein unauflöslich Band ist. Und aus diesem Gemüte, das stehet in der Finsternis, hat Gott geboren die Engel, welche sind Feuerflammen, aber mit dem Lichte Gottes durchleuchtet.

Aus der ewigen Natur hat Gott seine Weisheit geoffenbaret, denn in der Essenz, als in der göttlichen Weisheit, ist das Wesen der Geister und Kreaturen von Ewigkeit gewesen. Aber mit der Bewegung Gottes des Vaters (des Ursprungs) ist's in ein förmlich Geschöpf, nach jeder Essenz Eigenschaft, getreten, im Verbo Fiat, als im Wort der Kraft. Darum werden die Engel Feuerflammen genannt, aber mit dem Lichte Gottes durchflutet.

Der guten Engel Essenz und Wesen ist eine Kraft des zentralischen Feuers und des zentralischen Lichtes; darinnen stehet ihr Bildnis. Aber die Idea in ihnen ist eine Figur des heiligen Namens Gottes, als des wundertuenden Wortes. Und wie nun der göttlichen Namen viel und ohne Zahl sind, also ist auch ein Unterschied unter den Ideis in ihnen, gleichwie eine Kraft eine andere Wirkung hat als die andere; ob sie wohl in Gott gleich sind, so sind sie doch in dem Ausflusse, als in der Weisheit unterschieden.

In der Tat ist jedes Geschöpf, vom weltumfassenden Planetengott bis zum Tier, und vom Tier hinab bis zum Stein, der im Felde liegt, ein Wort, ein Licht, eine Idee, ein Wille, eine Kraft, ein Geist, dem innersten Wesen nach dasselbe, aber als Erscheinung und Offenbarung in seinen Eigenschaften von anderen Geschöpfen verschieden; der Mensch aber umfasst alle vier Reiche; er kann sich als Gott, als Geist, als Tier und als ein lebloses Ding offenbaren. Wer sich selber erkennt, für den sind alle diese Rätsel gelöst und er braucht keine Autorität, um darüber Verständnis und Gewissheit zu erlangen.

In der „Geheimlehre", mitgeteilt von H. P. Blavatsky, finden wir eine Darstellung der geistigen Evolutionsgeschichte des Weltalls und sehen, wie, ähnlich dem in der physischen Ebene in sieben Farben sich teilenden Sonnenstrahl, das aus der göttlichen Sonne der Weisheit ausstrahlende Leben und Licht siebenfäig erscheint und die sieben Quellgeister offenbar werden, von denen u. a. auch in der Bibel (Offenbarung Johannes) als den sieben Leuchtern am Throne Gottes die Rede ist, und aus denen dann die nachfolgenden Klassen von himmlischen Wesenheiten, Kräften und Formen entstehen, von denen die indische Philosophie dreiunddreissig Millionen Arten beschreibt.

Die vier Welten.

Wie bereits mehrfach in den „Lotusblüten" erwähnt wurde, werden im Makrokosmos wie auch im Mikroksmos vier Daseinsstufen oder Ebenen unterschieden, und diesen entsprechen auch die dazugehörigen Bewohner. Um diese Ebenen mit deutschen Namen zu bezeichnen, könnten wir sie folgendermaßen nennen:

1. Die Gotteswelt (Nirwana).
2. Die geistige oder Götterwelt (Swara-loka oder Devachan).
3. Die Astralwelt (Die Mittelregion, Anima mundi. Antarikscha oder Bhuvar-loka).

4. Die Sinneswelt, d. h. das für uns äußerlich Wahrnehmbare (Bhur-Ioka).

Diese vier Welten sind, mit anderen Worten, vier Bewusstseinsstufen im Kosmos, und zwar:

1. Ananda. Das Reich der ewigen Freude und Seligkeit, dessen Sonne das Absolute, das undefinierbare göttliche Selbstbewusstsein, die Gottheit (Parabrahman) ist.
2. Vijnana. Das Reich der Weisheit (Buddhi), der reinen Seele, dessen Sonne Gott (Brahma) ist.
3. Manas. Das Reich des Denkens, der Intelligenz und Unterscheidung, dessen Mittelpunkt der Mensch oder vielmehr die Menschheit ist.
4. Prana. Das Reich des Sinnlichen, des Lebens in der Natur, dessen Zentrum die irdische Sonne, die Quelle alles Lebens auf Erden ist.

Jedem dieser Reiche entspricht die Organisation der darin lebenden Wesen. Von einer Organisation der Bewohner der Gotteswelt können wir uns keinen Begriff machen. Die Inder teilen diese Welt in vier Reiche (=Zustände) ein, nämlich:

1. Mahar-loka. Die Welt von Prajapati (Logos).
2. Inana-Ioka. Die Welt der Erkenntnis.
3. Tapas-loka. Die Welt der göttlichen Liebe.
4. Satya-Ioka. Die Welt der Weisheit (Selbsterkenntnis).

In dem Reiche der Devas finden wir den verklärten Körper ihrer Bewohner, Karana-Sharira genannt. In der Astralwelt sind die Erscheinungen halbmaterieller Natur (Sukschma-Sharira); die ganz verdichteten sichtbaren materiellen Körper unserer sinnlichen Welt werden Sthula-Sharira genannt. Über die höheren himmlischen Welten oder Daseinszustände können wir nichts wissen, solange wir diese Zustände nicht aus eigener Erfahrung kennen; wir können uns daher hierbei nur auf dasjenige berufen, was von wahrscheinlich erleuchteten Personen darüber gesagt oder geschrieben worden ist. So sagt z. B. Jane Lead: „Es wurde mir geoffenbart, dass es verschiedene Regionen oder Welten gibt, welche Seelen von allen Graden und Rangstufen aufnehmen, und zwar acht. Die erste derselben ist diese sterbliche sichtbare Welt. die zweite die Astral- oder luftige Welt, die dritte die wässerige elementarische, die vierte die feurige dunkle Welt (Kamaloka). Diese vier sind alle die Welten, in welche sündige Lüstlinge eingehen und wohnen. In die vier höheren Welten kann nichts Böses oder Sündhaftes eingehen, oder in den Bewohnern derselben existieren. Die

15

erste derselben ist die paradiesische Welt, ein himmlischer Zustand, in welchem ein Emporwachsen zu noch höherer Vollkommenheit stattfindet, um uns für das Reich Sion fähig zu machen; die dritte ist das Neue Jerusalem, umgeben vom kristallenen Meer, und über dieser die Stille Ewigkeit, aus welcher alle diese Welten geboren werden."

Auch die indische Lehre unterscheidet in der Astralwelt wenigstens zwei Regionen; die Region der luftigen Welt und die Welt des Feuers, d. h. der Begierde und Leidenschaft (Kama-loka). Ersterer entsprechen die eigentlichen Astralkörper (Linga-Sharira); der zweiten die tierischen Formen ihrer Bewohner (Kama-rupa). Die stille Ewigkeit aber ist das göttliche Licht der Weisheit, welches unendlich höher als das Astrallicht steht, und aus welchem alle Dinge ihren Ursprung nehmen.

Da auf jeder Daseinsstufe die uns umgebende Welt ein Resultat des Willens und der Vorstellung ist, so ist es auch begreiflich, dass die Schönheit der Erscheinungswelt, in der wir uns befinden, sei es vor oder nach dem Tode des Körpers, von der Reinheit unseres Willens und der Schönheit unserer Vorstellung abhängig ist. Ist ja doch das Leben sowohl vor als nach dem Tode nur ein Traum, und das wahre Erwachen beginnt erst da, wo der Geist über alle Vorstellungen erhaben in seinem eigenen göttlichen Selbstbewusstsein lebt.

Selbst in unserer sinnlichen Welt nimmt der Mensch nur dasjenige wahr, was in sein Bewusstsein kommt und womit er sich im Geiste beschäftigt; in dem subjektiven Zustande, wo keine äußerlichen Eindrücke einwirken und keine Sinne vorhanden sind, um sie zu empfangen, da lebt jedes Wesen in seinem eigenen Vorstellungskreise, und die Bilder, welche er sieht, mögen angenehm oder unangenehm sein, je nach der geistigen Richtung, die ein Mensch eingeschlagen hat; jeder wird die Gedankenkeime und Gedankenreihen sehen, die sich naturgemäß in ihm entwickeln. Deshalb sind auch die Träume des einen von denen des anderen verschieden. Die Mitteilungen aus dem Jenseits widersprechen sich gegenseitig, und ebenso sind die Beschreibungen, welche uns die Geister von den höheren Regionen geben, die eine der anderen zuwiderlaufend. Swedenborg und andere haben viel über dergleichen Dinge geschrieben; allein, wenn auch in solchen Erzählungen manche Wahrheit enthalten ist, so ist doch das meiste davon nur ein Spiel der Phantasie. In Betracht zu ziehen ist jedoch, dass, da auch während des irdischen Lebens eine geistige Einwirkung zwischen zwei Menschen, ja sogar Fernwirkung des Gedankens zwischen zwei Weltteilen möglich ist, auch ein ähnlicher Verkehr in einer höheren Welt und zwischen zwei Welten denkbar ist.

Am deutlichsten spricht sich H. P. Blavatsky in der „Geheimlehre" über solche Dinge aus: „Maya (Illusion) ist etwas, das mit allen endlichen Dingen zusammenhängt; denn alles Dasein ist relativer Natur und nicht absolute Wirklichkeit, weil die Erscheinung, welche das verborgene Wesen für den Beobachter annimmt, von seiner Vorstellungsfähigkeit abhängig ist. Ein Gemälde hat für den Wilden kaum einen Sinn, es stellt für ihn nur Farben und Striche dar, während der Gebildete das darin Vorgestellte erkennt. Nichts ist beständig, ausgenommen das eine verborgene Sein, welches in sich selbst die Entstehungsursache von allem enthält. Die Daseinsformen auf allen Ebenen bis hinauf zum höchsten Dhyan-Chohan sind gewissermaßen wie Schatten, welche eine Zauberlaterne auf einen farblosen Schirm wirft; aber alle Dinge sind beziehungsweise wirklich. denn der Wahrnehmende ist selbst ein Spiegelbild und die anderen Spiegelbilder sind für ihn ebenso wirklich, als er selbst. Wollen wir die Wirklichkeit in einem Dinge sehen, so müssen wir nach ihr in dem Dinge selbst suchen, entweder vor oder nachdem es blitzartig durch die materielle Welt gegangen ist; wir können aber kein solches Sein direkt erkennen, solange unsere Sinneswerkzeuge tätig sind, nur materielle Daseinsformen in die Sphäre unseres Bewusstseins zu bringen. Auf jeder Bewusstseinsstufe sind stets wir selbst und die Dinge, welche zu dieser Stufe gehören, für uns allein Wirklichkeit. Indem wir in der Stufenleiter der Entwicklung aufwärts steigen, erkennen wir, dass dasjenige, was wir, so lange wir auf einer tieferen Stufe waren, für Wirklichkeit hielten, nichts als Schatten sind, und das Emporblühen der Individualität (des Egos) ist eine Reihe von fortschreitenden Erwachungen; wobei jedes die Idee mit sich bringt, dass wir jetzt endlich die Wahrheit gefunden haben; aber erst wenn wir das absolute Bewusstsein (Allselbstbewusstsein) erlangt und unser Bewusstsein mit ihm vereinigt haben, werden wir frei von den Täuschungen von Maya sein."

Es hat wenig Wert, sich in Spekulationen zu ergehen über Dinge von denen wir nichts wissen können, solange sie jenseits der Grenze unserer eigenen Erfahrung sind. Deshalb sagt auch Appollonius von Tyana: „Gott gehört und nicht dir, o Mensch, die unsterbliche Seele! Aus dem verlöschenden Leib fliegt gleich geflügeltem Ross Frei sie von Fesseln empor und mischt mit der leichteren Luft sich; Hinter sich lassend den Dienst, den schweren und unheilvollen. Dir jedoch nützet ja nicht, was nach dem Tod erst dir klar wird, Noch auch im Leben dich selbst darüber mit Grübeln zu quälen."

Wären wir so wie wir sein sollten, in unserem Selbstbewusstsein über Leben und Tod erhaben, fähig, in diesen Zustand, den man Samadhi nennt, einzugehen, dann wären uns auch jetzt diese Dinge klar; dann könnten wir auch, wie die Adepten und Heiligen es getan haben, in unserem höheren Zustande selbstbewusst mit den Göttern verkehren. Solange wir aber selbst niedere Geister sind, können wir uns auch nur mit niederen Geistern bekannt machen, und müssen uns in Bezug auf die höheren damit begnügen, was die Erleuchteten darüber sagen, welche die Dinge, von denen sie reden, aus eigener Anschauung kennen. Die niedrigeren Geister oder Seelenkräfte kann auch der gewöhnliche Mensch aus eigener Beobachtung kennen lernen; er braucht nur seine eigenen Gemütszustände zu studieren. Seine Natur selbst ist wie ein Gasthof, in dem diese Geister täglich und stündlich ein- und ausgehen; er ist der Wirt, der sich mit ihnen bekannt machen kann. Er wird da finden, dass jede Begierde, jede Leidenschaft ihre Ursache in einem Geiste, einem Einflusse hat, der ihn ergriffen hat, oder der ihn besitzt; mit anderen Worten; seine eigenen Gefühle und Begierden sind das Resultat einer in ihm lebendig gewordenen Willensform, durch äußere Eindrücke erweckt und durch seine Vorstellungen zu Bildern geschaffen, die in ihm zum Bewusstsein kommen. Unter einer durch den Willen lebendig gemachten Gedankenform aber versteht man einen Geist, wie man unter Geist im allgemeinen das Bewusstsein versteht. Eine Idee, die noch keine bestimmte Gestalt angenommen hat, ist formlos (arupa); hat sie konkrete Gestalt durch die Vorstellung erhalten, so ist sie ein individuelles Ding (rupa), im Gegensatz zu greifbar materiellen Dingen ein Geist.

Solche Geister schafft sich jeder Mensch sein Leben lang selbst, und es bedarf keiner Formeln zu ihrer Beschwörung. Einem Briefe eines Adepten entnehmen wir folgendes: „Jeder Gedanke, den ein Mensch denkt, geht, sobald er ausgebildet ist, in eine andere Weh (Daseinsstufe) über und wird dort eine selbstständige Individualität, indem er sozusagen mit einem (mit seiner Natur korrespondierenden) Elemental zusammenschmilzt; d. h. er vereint sich mit einem der halbintelligenten Wesen jener Reiche. Dort lebt er als eine tätige Bewusstseinsform, als ein Produkt des Gemütes (Mind), eine längere oder kürzere Zeit, je nach der Intensität der Gehirntätigkeit, die ihn schuf. So wird ein guter Gedanke zu einer wohltätigen Macht und ein böser Gedanke zu einem boshaften Dämon. Auf diese Art bevölkert der Mensch fortwährend seine Daseinssphäre mit den Geburten seiner Phantasien, Vorstellungen, Begierden und Leidenschaften, und diese

Ausflüsse wirken wieder auf sensitive Gemüter, mit denen sie in Berührung kommen im Verhältnis zu der darin enthaltenen Energie."

So schafft jeder Mensch, sei es bewusst oder ohne es zu wissen, diese Geister, und es hypnotisiert und besitzt einer den anderen und wird von anderen ohne es zu wissen, ‚hypnotisiert und besessen. Ein Gedankengeist, der einem Unbekannten in einem fernen Weltteile entsprungen ist, kann in diesem Weltteile auf diesen oder jenen empfänglichen Menschen einwirken, in seinem Gemüte als Gedanke zur Reife kommen, und in ihm zur Tat werden. So werden Erfindungen gemacht und Verbrechen begangen; eine ins Leben getretene Idee ist ein lebendiges Ding, und weder der natürliche Tod noch die Hinrichtung des Menschen, dem sie entsprungen ist, kann sie töten. Auch findet im Geister- oder Gedankenreiche ein fortwährendes Geborenwerden, Vermischung und Sterben statt, aus dem Zusammenflusse von Ideen entstehen neue Gedankenreihen, aus denen sich neue Formen entwickeln, welche in der äußeren Erscheinungswelt verwirklicht werden, je nachdem es die Mode oder die Notwendigkeit mit sich bringt.

Was aber der Mensch im Kleinen tut, das tut der Weltgeist im Großen, nur mit dem Unterschiede, dass die Gedanken Gottes, ausgesandt durch den Geist, fähig sind, im Schoße der Natur, ohne menschliche Hilfe, sich zu für uns sichtbaren materiellen Formen zu entwickeln, und so eine äußere Welt zu schaffen, wie der Mensch sie sich innerlich schafft; eine Welt, die für uns äußerlich erscheint, aber in Gott existiert, wie die Gedanken des Menschen in der Bewusstseinssphäre (im Geiste) des Menschen. Rückert drückt diese Wahrheit in folgenden Versen aus:

> „Die Welt ist Gottes unausdenklicher Gedanke,
> Und göttlich der Beruf, zu denken ohne Schranke.
> Nichts in der Welt, das nicht Gedankenstoff enthält,
> Und kein Gedanke, der nicht mitbaut an der Welt.
> Drum liebt mein Geist die Welt, weil er das Denken liebt,
> Und sie ihm überall so viel zu denken gibt."

Da die Zahl der unsichtbaren Intelligenzen im Weltall Legion ist, so ist auch eine Klassifikation derselben ein bedenkliches Unternehmen; ja selbst ein Versuch dazu ist geeignet, unsere Anschauung des Unendlichen beschränkt erscheinen zu lassen, als ob wir dem Grenzenlosen Grenzen zu ziehen gedächten. Die Namen der indischen Götter, Devas, Adityas,

Rudras, Vasus, Sadhyas, Viswas, Maruts, Ghandarvas, Jakschas, Suras, Asuras, Siddhas, Rakschasas usw. würden allein schon viele Bände einer Bibliothek füllen, und wir wollen daher nur ein paar der wichtigsten Klassen, deren Kenntnis von Nutzen sein kann, anführen.

Pitris.

H. P. Blavatsky sagt: „Die Devas und die Pitris sind für uns die wichtigsten Gruppen unter den 33 Millionen Gottheiten des indischen Pantheons, und sie sind auch die von den Orientalisten am wenigsten verstandenen. Ihre Natur wurde stets von den Brahminen verborgen gehalten, da sie keine Lust hatten, ihre philosophischen Geheimnisse der europäischen Schulweisheit preiszugeben.

Die Devas sind luftförmige Wesen, manche stehen höher, andere tiefer als der (durchschnittliche) Mensch. Das Wort Deva bedeutet der Scheinende, Strahlende, und bezieht sich auf eine Menge verschiedenartiger Wesen, einschließlich solcher aus früheren manvantarischen Perioden stammenden Intelligenzen, welche sich an der Bildung neuer Sonnensysteme beteiligen und sich mit der Erziehung der Menschheit in ihrem Kindesalter beschäftigen, bis herab zu unentwickelten Planetengeistern, welche in spiritistischen Sitzungen unter der Maske von menschlichen Gottheiten und geschichtlichen Charakteren auftreten.

Die Deva-Yonis dagegen sind Elementarwesen niederer Art im Vergleich mit den kosmischen Göttern und können sogar dem Willen des schwarzen Magiers unterworfen werden. Zu dieser Klasse gehören die Gnomen, Sylphen, Feen, Djins usw. Sie sind die Seelen der Elemente, die launenhaften Kräfte in der Natur, welche einem unabänderlichen Gesetze, das diesen Kräftezentren innewohnt, unterworfen sind. Ihr Bewusstsein ist unentwickelt und ihre Körper sind plastischer Natur und können eine beliebige Gestalt annehmen, je nach dem bewussten oder unbewussten Willen desjenigen Menschen der sich mit denselben in Rapport versetzt. Es sind diese Klassen von Elementarwesen, durch welche die Spiritisten, indem sie dieselben (ohne es zu wissen) anziehen, die schwindenden Hüllen (Astralleichen) verstorbener Menschen mit einer Art von individueller Kraft versehen (sie sozusagen in ein Scheinleben galvanisieren). Diese Klassen von Wesen waren niemals Menschen, werden sich aber später, in Myriaden von Zeitaltern, zu Menschen entwickeln. Sie gehören den drei unteren Naturreichen (Elementarreichen) an und die

Kenntnis derselben gehört den Mysterien an, da der Umgang mit ihnen gefahrbringend ist. Von diesen wird weiter unten die Rede sein. Über die Natur der Pitris herrschen sogar unter den europäischen Gelehrten ganz verkehrte Begriffe. Man glaubt allgemein, dass die Bezeichnung Pitris sich auf die Geister unserer direkten Vorfahren, auf abgeschiedene Menschen beziehe, und die Spiritisten meinen, dass die Fakire Medien seien, welche ihre Phänomene nur mit Hilfe dieser Menschengespenster vollbringen. Dies ist durchaus irrig. Die Pitris sind nicht die (direkten) Vorfahren jetzt lebender Menschen, sondern die Vorfahren des jetzt existierenden Menschengeschlechts, eine ursprüngliche Rasse, d. h. die Geister von menschlichen Rassen, welche unserer Rasse auf der großen Tonleiter der herabsteigenden Evolution (vor vielen Jahrtausenden) vorangingen, und welche in physischer sowohl als in geistiger Beziehung unserm Zwerggeschlecht weit überlegen waren. Im Manava-Dharma-Shastra werden sie die Mond-Vorfahren genannt. Sie sind Devas des Mondes (d. h. des Intellektes) und der Sonne (der Weisheit). Die ersteren gaben im Laufe der Evolution ihre Chayas (Schatten) zur Bildung der ersten Menschenrasse der vierten Runde; die letzteren begabten die Menschheit mit Verstand."

In der Bibel heißt es, dass die Söhne des Himmels (die Pitris) sahen, dass die Töchter der Menschen (die noch geistlosen irdischen Menschenhüllen) schön waren, und dass sie sich mit ihnen verbanden. Was damit gemeint ist, und wie diese Geister die Leiber der Urmenschen belebten und sie dadurch zu vernünftigen und der Unsterblichkeit fähigen Wesen machten, ist in der Rig-Veda beschrieben und noch klarer in der „Geheimlehre" dargestellt. Es gibt sieben Arten von Pitris, von denen drei unkörperlich (arupa), vier körperlich (rupa) sind. Ein tieferes Eingehen in die Untersuchung ihrer Natur gehört nicht in den Rahmen dieses Artikels.

Kama-rupa-Formen.

Diese Geschöpfe, deren Erscheinung durch die ihnen innewohnenden Begierden gestaltet ist, gehören nicht den himmlischen, sondern den Astralwesen an. Sie sind Bewohner der Astralebene unserer Welt, und können unter gewissen Umständen sichtbar werden und mit den Menschen in Verkehr treten. H. P. Blavatsky sagt: „Wie wir sehen, haben die Pitris nichts mit Gespenstern, noch mit abgeschiedenen Menschengeistern nach modernen Begriffen zu tun. Sie bildeten einen Übergang von der unserer

Schöpfung vorhergehenden Rasse ätherischer Menschenrassen zum gegenwärtigen materiellen Menschengeschlecht. Sie haben selbstverständlich nichts mit spiritistischen Spielereien oder mit den Wundern der Fakire zu schaffen, und ebenso wenig hat mit solchen Dingen der himmlische Geist eines verstorbenen Menschen zu tun. Betrachten wir dagegen die Liste der verschiedenen Dämonen oder Elementarwesen, so finden wir, dass schon ihre Namen die Taten bezeichnen, zu welchen sich ihre Naturen am besten eignen. Als Beispiele möge folgendes dienen:

Madan ist der Name einer Klasse von Elementarwesen boshafter Art, halb viehisch, halb monströser Gestalt. Madan bezeichnet ein Geschöpf, das aussieht wie eine Kuh. Er ist der Freund von boshaften Zauberern und hilft denselben in der Ausführung ihrer bösen Absichten, indem er Menschen und Vieh mit plötzlichen Krankheiten behaftet oder auch tötet.

Der Schudala-Madan oder Kirchhofteufel ist eine Art von Vampyr. Er belustigt sich dort, wo Verbrechen und Morde begangen werden, liebt hauptsächlich frische Gräber, Schlachthäuser und Hinrichtungsstätten. Er hilft dem Zauberkünstler in der Hervorbringung von Feuerphänomenen (Brandlegungen, Unverbrennlichmachen usw.), wie auch Kutti-Schattan, die kleinen Hexengeister. Man sagt, Schudala sei zur Hälfte Feuer-, zur Hälfte Wassergeist, der die Macht hat, eine beliebige Form anzunehmen und ein Ding in ein anderes zu verwandeln. Wenn er nicht im Feuer ist, so ist er im Wasser. Er kann den Menschen die Augen verblenden, so dass sie Dinge sehen, welche sie nicht sehen (Suggestion).

Schula-Madan ist ein anderer böswilliger Spukgeist. Er ist bewandert in der Hafnerei und im Backen. Wer sein Freund ist, den beschädigt er nicht, aber wer ihn beleidigt, dem spielt er übel mit. Er liebt Komplimente und Schmeicheleien, und da er sich für gewöhnlich unter der Erde aufhält, so wendet sich der Fakir an ihn, wenn er das in Indien bekannte Wunder vollbringen will, in einer Viertelstunde einen Mangobaum mit reifer Frucht aus einem Mangokern wachsen zu machen.

Kumil-Madan ist eigentlich eine Undine. Er ist ein Elementargeist des Wassers, und sein Name bedeutet das Geräusch einer aufsteigenden Luftblase. Er ist ein lustiger Kobold und hilft ihm befreundeten Menschen in Dingen, die zu seinem Fache gehören. Er spritzt Wasser umher, macht Regen und zeigt die Gegenwart oder Zukunft denjenigen, die sich mit Hydromantie beschäftigen.

Poruthu-Madan ist ein herkulischer Dämon, der stärkste von allen; er hilft in den spiritistischen Bewegungen von Dingen ohne Berührung,

Levitationen, im Zähmen von wilden Tieren u. dgl. In der Tat hat jede Art von physischen Manifestationen in spiritistischen Sitzungen ihre eigene Klasse von Elementarwesen, welche dieselben leiten und hervorbringen helfen. Außer diesen kennt man aber in Indien noch vielerlei Arten von Elementarwesen und Dämonen, Riesen und Vampyren, Asuras und Nagas, Drachen und Geschöpfe mit Schlangenköpfen etc.

Larven.

Diese Wesen sind nicht mit den Astralschatten, Seelen, Larven oder Astralüberbleibsein verstorbener Menschen zu verwechseln, von denen bereits in den „Lotusblüten" die Rede war, und welche ihrerseits wieder wohl zu unterscheiden sind von den wirklichen Menschenseelen (Buddhi-Manas), welche über alles Irdische erhaben sind und an dem Schattenspiele dieser Welt nicht mehr teilnehmen, nachdem sie in den himmlischen Zustand eingegangen sind, während der tierische Teil der Menschenseele noch im Astralreiche weilt. Hierüber sagt Proklos: „Nach dem Tode fährt die Seele fort, in dem luftförmigen Körper (Astralkörper) zu verweilen, bis sie von allem Zorn und Leidenschaften gereinigt ist. Dann streift sie durch einen zweiten Tod den Astralkörper ab, wie sie den irdischen abstreifte. Die Alten aber sagen, dass ein himmlischer Körper mit der Seele verbunden sei, der unsterblich und sternengleich ist."

Plutarch sagt: „Das Element von diesen Seelen ist der Mond (in mystischer Bedeutung), weil die Seelen sich in ihm (im Astrallichte) auflösen, wie die Körper der Verstorbenen in der Erde. Diejenigen, welche tugendhaft und ehrlich waren, ein ruhiges, weisheitsliebendes Leben geführt haben, ohne sich viel mit Unzufriedenheit zu schaffen zu machen, werden schnell aufgelöst. Ihre Überbleibsel, welche vom Nous (Verstand) verlassen sind und die körperlichen Leidenschaften nicht mehr in Tätigkeit halten, verschwinden."

„Die alten Ägypter, deren Lehre von den Atlantern stammte, waren mit diesen Dingen bekannt. Moderne Archäologen konnten sich den Umstand, dass sich auf Exemplaren von Papyrus, auf Mumienkästen, in dem „Totenbuche", auf unterirdischen Tempelmauern und Gebäuden, Bilder und Symbole von allerlei Figuren vorfanden, nicht anders erklären, als dass dies phantastische Darstellungen von angeblichen Göttern seien, und dass die Ägypter Katzen, Hunde und allerlei kriechendes Zeug angebetet hätten. Diese Behauptung ist durchaus falsch und entspringt aus der modernen

Unwissenheit in Bezug auf die Astralwelt und ihre sonderbaren Bewohner. Es gibt viele verschiedene Klassen von Larven und Kama-rupa-Formen. Die höchsten der Larven oder Gespenster in Bezug auf Intelligenz und Schlauheit sind die sogenannten erdgebundenen Menschengeister. Es muss vorläufig genügen, von diesen zu sagen, dass sie die Hüllen oder Schatten von denjenigen sind, die auf Erden lebten, einerlei, ob sie ein gutes oder schlechtes Leben führten. Sie sind die niederen Grundteile von allen entkörperten Wesen (Menschen und Tieren) und sie können drei Hauptgruppen eingeteilt werden:

I. Die geistig Toten. Die erste Gruppe umfasst die Larven derjenigen Menschen, welche aller höheren geistigen Erkenntnis widerstrebt, tief im Materiellen versunken, gestorben sind und von deren sündhaften Seelen der unsterbliche Geist sich nach und nach losgetrennt hat. Sie sind, richtig gesagt, die abgeschiedenen Seelen verworfener Menschen, Seelen, welche schon vor dem Tode des Körpers sich von ihrem göttlichen Geiste losgesagt, und so die Möglichkeit der Unsterblichkeit verloren haben. Nachdem diese Seelen, oder vielmehr Astrallarven, sich vom Körper getrennt haben, werden sie, besonders diejenigen sehr materiell gesinnter Personen, unwiderstehlich zur Erde angezogen, wo sie ein zeitliches und endliches Leben führen, unter den Umgebungen, die für ihre grobmateriellen Naturen geeignet sind. Da sie während ihres ganzen Lebens keinen Sinn für das Höhere und Edle gepflegt haben, sondern das Gemeine höher gehalten haben, so sind sie auch jetzt für das hohe Dasein nicht geeignet, welches den reinen abgeschiedenen Wesen zugehört, für welche die Atmosphäre der Erde erstickend und stinkend ist. Die Anziehung dieser höheren Wesen liegt nicht nur fern von der Erde, sondern sie könnten, selbst wenn sie wollte, infolge ihrer himmlischen Eigenschaften nichts mit der Erde und ihren Bewohnern wissentlich zu tun haben. Ausnahmen hiervon werden später angeführt werden. Die materiellen Seelen aber werden früher oder später verwesen und schließlich wie ein Nebel sich Atom für Atom in den sie umgebenden Elementen (im Astralfeuer) auflösen. Dies sind die Larven, welche am längsten in Kama-loka verweilen, sie sind mit irdischen Ausdünstungen gesättigt, und ihr Kama-rupa (Begierdenleib), in Sinnlichkeit stark und undurchdringlich für den vergeistigenden Einfluss der höheren Prinzipien, hält länger aus und zersetzt sich nur schwer. Es wird uns gelehrt, dass diese Larven mitunter Jahrhunderte lang existieren, ehe sie gänzlich verwesen.

2. Kama-rupas. Die zweite Gruppe umfasst alle diejenigen, welche einen

gewöhnlichen Grad von Geistigkeit hatten, aber doch mehr oder weniger an irdischen Dingen hingen, und deren Erwartungen und Sehnen mehr nach der Erde als nach dem Himmel ging. Die Zeitdauer, während welcher sich diese Überbleibsel in Kama-loka aufhalten, und welche dem durchschnittlichen Menschen gehörten, ist kürzer als die der vorhergehenden Klasse; aber dennoch lang an sich, und sie hängt ab von der Macht der Begierde zum Leben.

3. Entleibte Menschen. Zur dritten Gruppe gehören diejenigen, welche eines gewaltsamen Todes gestorben sind. Sie sind vollständige Menschen mit allen Grundteilen, mit Ausnahme des physischen Körpers, entleibt, und bleiben so, bis dass die Zeit kommt, wo sie naturgemäß hätten eines natürlichen Todes sterben sollen.

Der katholische Meister Eckhart sagt: „Die Hölle ist nicht ein Ort, sondern ein Zustand. Was hienieden der Menschen Wesen ist, das bleibt ihr Wesen in der Ewigkeit, gerade wie sie in ihm befunden werden. Manche meinen hier ein unnatürlich Wesen haben zu können und dort ein göttlich Wesen zu erringen. Darin täuschen sie sich. Die Pein der Verdammten (von sich selbst Verdammten) besteht wesentlich darin, dass sie sich ihrer eigenen Nichtigkeit bewusst sind, während sie der Anschauung des Höchsten entbehren müssen. Was in der Hölle brennt, ist der Eigenwille; das Nicht-Ich. Lege ich eine glühende Kohle auf meine Hand, so ist es nicht sowohl die Kohle, welche mich brennt, als vielmehr das Nicht; nämlich dass die Kohle etwas an sich hat, was meine Hand nicht hat; denn wäre meine Hand feuriger Natur, wie es die Kohle ist, so könnte ihr alles Feuer der Welt nicht schaden. Gerade so ist es mit den Verdammten. Weil Gott und alle, die vor Gottes Angesicht in rechter Seligkeit sind, etwas an sich haben, was die von (ihrem) Gott getrennten nicht haben, so ist es dieses Nicht, was die Seelen in der Hölle mehr peinigt, als irgend ein Feuer. Welche Torheit ist es, dass man bei dem nicht sein will, ohne den man doch nicht sein kann!"

„Wenn die Seele vom Leibe scheidet in treuer Liebe und dem festen Willen, alles um Gotteswillen zu tun, und alle Sünde zu lassen, so trägt die Seele großes Leid, dass sie nicht mehr kann, und sie harrt des Tages, wo sich ihrer Gott erbarme, und dauerte es bis zum jüngsten Tage, die Hoffnung ist ihr Wesen. Wem dagegen einmal das Licht der Ewigkeit, die reinste Gottesoffenbarung zu teil geworden ist, der kommt nicht mehr in diesen Zwischenzustand."

Der protestantische Mystiker Jakob Boehme sagt: „Uns ist allhier zu wissen, dass unser Leben, das wir im Mutterleibe bekommen, (mit seinem

Denken und Fühlen) bloß und allein stehet in der Sonne, Sternen und Elementen Gewalt; dass sie ein Kind im Mutterleibe nicht allein figurieren und ihm das Leben geben, sondern auch an diese Welt bringen, und es die ganze Zeit seines Lebens nähren und pflegen, auch Glück und Unglück ihm zufügen und endlich den Tod und die Zerbrechung, und so unsere Essentien, daraus unser Leben wird erboren, nicht höher wären aus ihrem höchsten Grad in Adam, so wären wir allem Vieh gleich."

„Beim Tode brechen erstlich die vier Elemente vom (einen) Element; da dann die Tinktur mit dem Schatten des Menschenwesens ins Äther gehet, und mit dem Schatten stehen bleibet in der Wurzel des Elements, von welchem die vier Elementa waren erboren und ausgegangen, und stehet darin allein das Wehetun in der Zerbrechung, davon den Seelen ein Qualhaus abgebrochen wird. So nun aber die Essentien der Seelen des ersten Prinzipio der Region dieser Welt sind also hart geaneignet gewesen, dass der Seelen Essentien nur haben die Wollust dieser Welt gesucht, mit zeitlicher Ehre, Macht und Pracht, so hält die Seele oder die Essentien aus dem ersten Prinzipio die Sternenregion noch an sich, als ihr allerliebstes Kleinod, in Willens darin zu leben; dieweil es aber nicht mehr die Mutter als die vier Elementa hat, so verzehrt sich´s mit der Zeit selber in den Essentien aus dem ersten Prinzipio. Allhier ist nun das große Leben und auch der große Tod, da die Seele in das eine (oder das andere) muss eingehen, und (dies) ist hernach ihr Vaterland."

„Es sind drei Prinzipia in des Menschen Gemüte, welche er in dieser Zeit mag alle drei aufschließen. So aber der Leib zerbrochen ist, so lebet er nur in einem (derselben) und hat den Schlüssel verloren und kann kein anderes mehr aufschließen; er muss in derselbigen Qual bleiben, welche er allhier hat angezündet."

„Allhie in diesem Leben ist die Seele in der Wage im Angel und kann, ob sie böse gewesen ist, wiedergeboren werden in der Liebe; wenn der Angel zerbricht, so ist´s hin, sie ist hernach in ihrem eigenen Lande, in ihrem Prinzipio."

„In der Zeit des irdischen Lebens mag die Seele ihren Willen ändern, so ändert auch ihr Fiat die Figur. Aber nach des Leibes Sterben hat sie nichts mehr, darin sie ihren Willen kann ändern, wie an den Teufeln zu sehen ist."

Mara-rupas. Teufel.

Diese erdgebundenen Seelen, wenn sie vom wahren Geiste verlassen sind, können diejenigen Tiergestalten annehmen, welche ihren Leidenschaften (Mara) entsprechen, und dies ist wissenschaftlich dadurch begründet, dass der Astralkörper der Ausdruck und das Symbol der einem Geschöpfe zugrunde liegenden Eigenschaften ist. Der physische Körper, welcher weniger plastisch ist, behält auch bei einem ganz vertierten Menschen während des Lebens die menschliche Gestalt; den Astralkörper hindert nach dem Tode nichts, diejenige Gestalt anzunehmen, welche dem Charakter seines Wesens entspricht. Boehme sagt: „Daran soll ein jeder lernen erkennen, er darf nur nach seiner Eigenschaft forschen, wozu ihn sein Wille stets treibet, in dem Reiche stehet er und ist nicht ein Mensch, wie er sich selber dafür hält und ausgibt, sondern eine Kreatur der finsteren Welt, als ein geiziger Hund, ein hoffärtiger Vogel, ein unkeusches Tier, grimmige Schlange eine neidige Kröte voller Gift etc. Alle diese Eigenschaften quellen in ihm und sind sein Holz, daraus sein Feuer brennt. Wenn ihn nun das äußere Holz, als das Wesen der vier Elemente, wird verlassen in seinem Sterben, so bleibet allein die innere giftige böse Qual. Was soll nun für eine Figur in solcher Eigenschaft stehen? Anders keine, als welche unter diesen Eigenschaften ist die stärkste gewesen, die wird vom höllischen Fiat in seine Gestalt figuriert, als zu einer giftigen Schlange, Hunde und dergl., oder einem anderen Tier. In welche Eigenschaften sich der Willensgeist hat einergeben , dieselbe Eigenschaft ist hernach der Seelen Bildnis, und dies ist ihr Teil.“ (Sechs Punkte, Kap. VII, 37.)

Swedenborg in seinen Visionen des Astralreiches, die allerdings kirchlich gefärbt waren, beschreibt diese Geister als von der Ferne betrachtet als Tiere erscheinend, die genau betrachtet als Menschen erkannt werden. In unserer Welt ist es umgekehrt. Wem dies sonderbar vorkommt, der darf nur in sich selbst hineinsehen und die Tiergattungen kennen lernen, die in seiner Astralseele enthalten sind. Vielleicht findet er dort eine ganze Menagerie, und diese Eigenschaften oder Daseinszustände können sogar unter gewissen Umständen als objektive Erscheinungen hervortreten, wie wir davon sowohl in den Legenden der Heiligen, als auch in der Geschichte des modernen Spiritismus zahlreiche Beispiele finden. Besonders leicht treten dieselben dann hervor, wenn durch ein innerliches wahres geistiges Erwachen diese Formen nach außen gedrängt und dadurch dem Betreffenden und vielleicht auch anderen objektiv sichtbar werden. So wird z. B. vom heiligen Antonius erzählt, dass er in seiner Einsiedlerhöhle von vielerlei Teufeln unter allerlei hässlichen Gestalten, welche sichtbar waren, versucht wurde. Nehmen wir an, dass diese Gestalten die geistigen

Ausflüsse seiner Natur, seine eigenen Willens- und Gedankenformen waren, und dass er eine mediumistische Organisation besaß, welche deren materielle Verdichtung zu sichtbaren Körpern ermöglichte, so hört dabei der Aberglaube auf und das Verständnis tritt an dessen Stelle.

**Die betreffende Abbildung ist nach einem Stiche
von J. P. Le Bas 1735.**

Anmerkung: Das beigefügte Bild stellt den heiligen Antonius inmitten der ihn versuchenden Larven, denen er durch das Gebet zu entrinnen sucht.

28

Diese Larven sind die Symbole der in ihm zu falschen Leben gewordenen Begierden, nämlich der Trunksucht, Faulheit, Fressbegierde, Habsucht, der Spötterei, des Neides, Zornes, des Eigendünkels usw. Nach der modernen Ausdrucksweise würde man sagen, sie sind die objektiv gewordenen Produkte seiner Autosuggestion. Damit ist aber nur ein neuer Irrtum geschaffen; denn der heilige Antonius hat sicherlich nicht die Absicht, sich diese Erscheinungen zu einzubilden, sondern sucht sich vielmehr von ihnen zu befreien. Sie sind die aus seinen eigenen niederen Instinkten entsprungenen Daseinsformen, durch seinen eigenen Willen genährt, und jede derselben nimmt von selbst diejenige Gestalt an, welche ihrem Wesen und Charakter entspricht. Ebenso ist aber der heilige Antonius selber, wie jeder Mensch, nur ein Produkt des in ihm lebendig gewordenen Willens und der Vorstellung, und deshalb in einem gewissen Sinne ebenso gut eine Illusion (Maya), wie die ihn umgebenden Geschöpfe der Illusion; andererseits sind sie für ihn ebenso wirklich vorhanden, als er für sich selbst wirklich vorhanden erscheint. Dadurch, dass der Mensch sein wahres Selbst (Atma) erkennt, verschwindet die Täuschung des eigenen Selbstseins und damit auch die aus dieser Täuschung entstandenen Illusionen; mit anderen Worten: Wenn die Begierde verschwindet, so verschwindet auch mit ihr der aus ihr entsprungene Gedanke, und damit die aus Begierde und Gedanke entstandene Form. Diese Begierden, Gedanken und Formen könnten aber nicht in der Seele des Menschen entstehen und wachsen, wenn nicht in der großen Natur die damit korrespondierenden Elemente vorhanden wären; denn wie im physischen Leben bildet sich auch im psychischen nicht neues anders als durch Zufluss von außen, und der kleine Mensch ist nur ein Miniaturbild des großen Menschen, dessen Seele Gott und dessen Körper das Weltall ist.

Ungeborene Keime.

Schließlich haben wir noch eine besondere Klasse von Elementarwesen zu betrachten, nämlich die psychischen Keime oder Urbilder der Menschen, welche ins physische Dasein geboren zu werden bestimmt sind. Sie sind die dem werdenden Menschen zugrunde liegende Idee. H. P. Blavatsky sagt darüber: „Diese Vorbilder, welche noch ohne den göttlichen Geist sind (der erst später hinzutritt), sind Elementarwesen, oder richtiger gesagt psychische Keime, welche, wenn der betreffende Zeitpunkt naht, aus der unsichtbaren Welt scheiden und in die sichtbare als Menschenkinder geboren werden, und dabei den göttlichen Atem, welchen man Geist nennt, erhalten, wodurch sie dann alles haben, was zum vollständigen Menschen gehört.

Nach der Geheimlehre bildet sich der Astralkörper des Menschen aus diesem Keime schon ehe der physische Mensch sich im Mutterleibe entwickelt. Auch sind in diesem Keime die während der vorhergehenden Inkarnation geschaffenen Tendenzen enthalten, durch welche sich das früher geschaffene Karma in der folgenden Inkarnation geltend macht.

Der wesentliche Unterschied zwischen einem solchen seelischen Embryo und einem Elementargeist ist, dass der Embryo, der zukünftige Mensch, in sich selbst einen Teil von jedem der vier großen Reiche der Elemente, Feuer, Luft, Erde und Wasser enthält, während die Geister der Elemente nur einen Teil von einem dieser Reiche besitzen. So ist z. B. der Salamander eine Form von Leben, welche nur einen Teil des Urfeuers und kein anderes Element besitzt. Der Mensch ist ein höheres Geschöpf und hat in seiner Natur alle vier Elemente. Deshalb findet man keine Elementargeister des Feuers im Wasser, noch diejenigen der Luft im Feuer, und dennoch, da Wasser nicht nur im Menschen, sondern auch in anderen Körpern enthalten ist, so befinden sich Elementargeister in- und untereinander in jeder Substanz, gerade so wie die geistige Welt in der materiellen enthalten ist."

Alle Elementargeister, wie überhaupt alle Dinge und Kräfte sind Daseinsformen, Modifikationen des einen Universallebens, Zustände des einen Universalbewusstseins, sei es nun latent oder aktiv, im Keime verborgen oder entwickelt. Um zwischen diesen Geistern unterscheiden zu lernen, ist es nötig, die vier Stufen des Daseins oder Bewusstseinssphären im Weltall kennen zu lernen; denn jedes Wesen gehört einer oder der anderen derselben an. Wir dürfen physische Kräfte nicht mit geistigen Kräften, die Astralformen nicht mit jenen des Kama-rupa-Reiches, die Ebene von Devachan nicht mit Nirwana verwechseln; wir haben es aber in unserer Macht, alle diese vier Daseinszustände kennen zu lernen, weil sie alle in uns selbst existieren, und gerade deshalb, weil der Mensch das höchste Geschöpf und fähig ist, in das Höchste einzugehen und das Höchste kennen zu lernen, sollte es auch unser Bestreben sein, das Höchste zu erlangen; **denn wer zur Erkenntnis des Höheren gekommen ist, der kann auch das Niedere, das unter ihm ist, erkennen; aber ohne die Erkenntnis des Höheren hat aller Mystizismus und die ganze Dämonologie keinen Wert!**

Welchen Zweck hat es, sich mit einem Studium der Elementargeister zu befassen, da sich doch verhältnismäßig wenige Leute um den spiritistischen Firlefanz kümmern? Diese Frage ist gleichbedeutend mit: Was für einen Zweck hat es, diejenigen unsichtbaren Einflüsse näher kennen zu lernen, welche die ganze Menschheit wie Puppen bewegen, ohne dass sie die Ursache dieser Bewegung kennt? Wir sehen, wie ganze Völkerschaften von psychischen Seuchen erfasst werden und Wahnideen sie zu Handlungen führen, über welche die ruhige Vernunft sich schaudernd entsetzt. Solche Verirrungen des menschlichen Geistes treten uns in den Zeiten der Kreuzzüge, dem Flagellantismus, der Tanzwut, den Hexenverfolgungen und neuerdings im Anarchismus und Antisemitismus entgegen. Solche Epidemien greifen plötzlich um sich, und vor ihnen schützt nicht frühere Übung des Geistes im vernunftgemäßen Denken; denn bei ihnen hört die Mitwirkung des gesunden Menschenverstandes auf.

Hierüber lesen wir in dem in Wien erscheinenden „Zirkel" folgendes: „Es dürfte kaum einem Zweifel unterliegen, dass, wie der Einzelne, so eine ganze Völkerschaft, eine Nation, wenn sie längere Zeit unter der Herrschaft krankmachender Einflüsse (?) gestanden, geisteskrank werden kann. Eine Geisteskrankheit wird so im eigentlichen Sinne epidemisch, eine psychische Seuche. Selbstverständlich ist dabei nicht das gesamte Volk erkrankt, wie ja auch Typhus, Blattern u. dgl. Epidemien nicht alle angreifen, aber es wird ein so großer Bruchteil der Nation ergriffen, dass das Tun und Treiben eines solchen Volkes im großen und ganzen den Charakter des geistig Abnormen erhält. Völkel weist auf die bekannte Tatsache hin, dass ein Wahn sich durch psychische Ansteckung von einer Person auf die andere übertragen kann, wofür Irrenanstalten der Beispiele genug liefern, da Wärter u. dgl. nicht selten durch den beständigen Verkehr mit Irrsinnigen von deren Wahnideen infiziert und selbst irrsinnig werden. Daraus ergibt sich von selbst die Möglichkeit, dass die Einwohnerschaft eines ganzen Landstriches, ja ein ganzes Volk, Generationen hindurch die Symptome geistiger Störungen darbieten kann. Besonders verbreiten sich Wahnideen in politischen und religiösen Dingen leicht durch Ansteckung, offenbar deshalb, weil über solche Gegenstände im Allgemeinen sehr viel und sehr anhaltend gesprochen wird (wobei man sich den betreffenden Einflüssen hingibt). Politischer und religiöser Fanatismus, wie er in der Geschichte uns so häufig mit seinen traurigen Folgen entgegentritt, ist nichts als der Ausdruck einer perversen Geistesverfassung.

Eine solche psychische Seuche ist z. B. bekannt unter dem Namen Flagellantismus. Sie kam in der Mitte des 13. Jahrhunderts zum Ausbruche in Italien und verbreitete sich von da aus über Frankreich und Deutschland, und erreichte ihren Höhepunkt etwa 100 Jahre später, als die unter dem Namen „der schwarze Tod" bekannte Pest einzelne Gegenden Deutschlands beinahe entvölkerte. Zu Tausenden und Tausenden zogen die Menschen durch die Dörfer und die Städte, und überall vergrößerte sich ihre Anzahl. Sie zogen einher, Männer und Frauen, Greise und Kinder, Geistliche und Laien, Gelehrte und Ungebildete, alle bis an den Gürtel entkleidet, wahnsinnig springend und tanzend und sich unter Absingung von Bußpsalmen bis aufs Blut geißelnd.

Eine andere geistige Epidemie, die grauenvollste von allen, die je unter dem armen Menschengeschlechte gewütet hat, waren die Hexenverfolgungen. In diesen zeigt sich so recht, bis zu welcher Verkehrtheit und Unzurechnungsfähigkeit der menschliche Geist in ein er Hinsicht sinken kann, während er sich zugleich auf dem Gebiete der Wissenschaften hoher Fortschritte rühmen kann. Denn die Blütezeit der Hexenprozesse fällt nicht in das als finster und abergläubisch verschriene Mittelalter, sondern vielmehr in die Epoche des Übergangs zur Neuzeit, in das vielgepriesene Zeitalter des Humanismus, des Wiedererwachens des menschlichen Geistes, der Begünstigung der neuen Kirche. Es war, als ob ein unheimliches Gift eingedrungen wäre in die Phantasie der Menschen und in Bezug auf diesen einen Punkt für die Dauer von nahezu 300 Jahren Vernunft und ruhiges Urteil zerstört hätte. Ja, war dies nicht eine psychische Erkrankung der Menschheit?

Wie in dem heutigen Antisemitismus, mit dem ich jenen Hexenwahn vergleichen will, haben wir es da mit einem Rückschritte zu tun. Im Jahre 1310, also etwa 200 Jahre vor dem Ausbruche jener Geistespest, beschäftigte sich das Konzil von Trier mit dem Hexenglauben und bezeichnete ihn als unchristlich, absurd und unheilvoll und bedrohte diejenigen mit Strafen, die ihm anhingen. Es war im letzten Viertel des 15. Jahrhunderts, als die beiden Dominikaner Heinrich Krämer und Jakob Sprenger in Deutschland die Aufgabe hatten, gegen das Ketzertum zu wirken. Da diese bald einsahen, dass sie es mit der Ketzerverfolgung nicht weit brachten, so suchten sie sich ein weiteres Gebiet ihrer Tätigkeit und fanden es in ihrem Einschreiten gegen die Hexen. Diese schrieben nun den Malleus maleficarum, den Hexenhammer. Ist es zu begreifen wie dieses Buch sich seine unheilvolle Geltung errungen hat bei Geistlichen und Richtern, bei Katholiken und bei Protestanten? Es ist im schlechtesten Latein geschrieben, strotzt auf jeder Seite von den gröbsten

Unwissenheiten, die doch in jener Zeit der Gelehrsamkeit auffallen mussten, es beschreibt mit aller Umständlichkeit die Macht der Hexen, durch den Schornstein auf Besenstielen zu fahren und Unwetter herbeizuführen und Saaten zu verhageln, Kröten statt Menschenkinder zu gebären usw. Dieses Buch fordert, dass man auf jedes bloße Gerücht hin gegen Frauen den Prozess einleite. Es lehrt Kniffe und Verstellungen, die die Richter anwenden sollen, um Geständnisse zu entlocken. Und schließlich gibt das Buch auch eine ausführliche Anweisung über Folterungen und deren Verschärfungen, dass man beim Lesen über den menschlichen Fanatismus schaudert.

Man denke sich die Angst aller Frauen und Mädchen jener Zeit! Nicht einen Augenblick waren sie sicher. Ein unbedachtes Wort, eine zufällige Begegnung, die Denunziation eines Feindes, eines ausgescholtenen Dienstboten reichten hin, um sie in den härtesten Kerker, auf die Folterbank, auf den Scheiterhaufen zu führen. Und nun war es natürlich, dass Hass, Bosheit, Missgunst und Konkurrenzneid und alle bösen Neigungen der Menschen sich dieser bequemen Handhabe bedienten, um Unschuldige und Lästige durch Anzeige der Hexerei zu verderben. Waren die armen Frauen einmal in den Händen der Richter, so gab es kein Entrinnen mehr. Unter den unsäglichen Qualen der Folter, in welchen ihr Körper zermartert, ihre Glieder zerbrochen wurden, waren sie willenlos gemacht oder zu dem verzweifelten Entschlusse gebracht worden, lieber einen qualvollen Tod herbeizuführen, als gliedweise zerrissen und verstümmelt zu werden. Es gab 22 sich steigernde Grade der Folterung. In Quedlinburg wurden 1589 an einem Tage 133 Hexen verbrannt, im Fürstentum Neisse in 9 Jahren über 1000, darunter Kinder von 2-4 Jahren. Der Hexenrichter Balter Voss in Fulda rühmte sich, er habe allein bereits über 700 Hexen verbrennen lassen, und er hofft zu Gott, dass er es noch auf 1000 bringen wird. Man hat die Zahl der im ganzen in Deutschland wegen Hexerei verbrannten Frauen und Mädchen auf mehr als 2 Millionen berechnet.

Gegen Hexen genügte das Zeugnis jedes ersten Besten. Der Hexenhammer befiehlt, auch unehrliche Knechte und bestrafte Verbrecher als Zeugen zuzulassen. Ein tüchtiger Hexenspion, und mochte er ein noch so niedriger Lump sein, war eine angesehene und eine viel gefürchtete Persönlichkeit."

Ganz ähnlich verhält es sich heutzutage mit dem Anarchismus, dem Antisemitismus, dem Nationalhass usw. Der Flügelschlag des Geistes der religiösen Intoleranz, welcher der Welt die Pest brachte, ist verrauscht und andere Elementarwesen ziehen in unsere Erdatmosphäre ein; der vornehmste darunter ist Mara der Teufel der Bosheit, und in seinem Gefolge sind Kama die Selbstsucht, Trischna die Begierde, Attavada der Größenwahn, Visikitscha der Zweifel, Silabhat-paramasa der Aberglaube im Gewande der Wissenschaft.

Damit ist noch nichts gedient, dass man sagt, der Gedanke des einen Menschen steckt einen andern an. Nichts in der Welt, nicht einmal eine Idee wächst ohne Zufluss von außen. Der Keim eines Baumes wird in die Erde und der Keim einer Idee in das Gemüt des Menschen gesetzt, aber kein Same wächst, wenn er nicht Zufluss von jenen Elementen erhält, die seiner Natur entsprechen. Diese Elemente aber sind in psychischer Beziehung die Elementarwesen (Formen der Ausflüsse des Willens und der Gedanken), welche die Astralseele (Kamarupa) der Erde bewohnen, und in der Astralseele des Menschen ihre Kinder erzeugen. Der göttliche Geist des Menschen aber ist über alle Elementargeister, Teufel und Dämonen erhaben, und deshalb ist auch derjenige der Herr aller Geister, der sich nicht von fremden Einflüssen beeinflussen lässt, sondern sich seines wahren geistigen Wesens bewusst geworden ist, und in diesem, seinem höheren Selbstbewusstsein sich einen Zauberkreis bildet, in den kein niedriger Einfluss eindringen kann.

II. Die Bewohner der vier Elemente.

Wenn es auch nicht für exakt wissenschaftlich gelten mag, so ist es doch nicht umso weniger wahr, wenn der Dichter sagt: „Die Welt ist ein Gottesgedanke." Erst kommt das Gefühl, dann die Idee, dann der bestimmte Gedanke und zuletzt folgt die Bekleidung des Gedankens mit einer materiellen, dem äußerlichen Auge sichtbaren Form. Die ganze Schöpfung ist eine Summe von Gedanken, die dem Geiste der Welt entsprungen sind und denen die Idee der Schöpfung zu Grunde liegt. Die sinnlich wahrnehmbare äußere Erscheinungswelt besteht aus diesen Gedanken, insofern sie sich mit Materie bekleidet haben und ins objektive Dasein getreten sind; die innere übersinnliche Welt enthält ähnliche Formen und Wesen, die ebenso wie wir aus Äther (Akasha) gebildet, aber nicht mit so grobem Stoffe bekleidet, nicht so wie unsere Körper verdichtet sind. Der alltägliche Naturforscher erforscht die äußerlichen Erscheinungen in der Natur, und bildet sich vielleicht dabei ein, alle ihre Schätze zu kennen; aber außer diesen Naturforschern gibt es noch andere, welche tiefer ins Innere der Natur eindringen und die Reiche kennen, welche hinter ihrem Schleier verborgen sind. Sie finden auch dort nichts Übernatürliches; wohl aber Dinge, welche einer anderen Oktave als der unsrigen im großen Leierkasten der Natur angehören, und von deren Vorhandensein deshalb diejenigen Gelehrten, welche ihre ganze Wissenschaft aus der Betrachtung des Sinnlich-Materiellen schöpfen, nichts wissen können. Wem sich aber dieses tiefer gelegene Reich der Natur erschlossen hat, dem eröffnet sich dadurch auch eine neue Welt von ungeahntem Reichtum, und mit Staunen erblickt er Leben und Formen in allem; die neuaufgeschlagene Seite im Buche der Natur vermehrt seine Bewunderung der Allmacht des Schöpfers und die Herrlichkeit seiner Offenbarung in der Natur.

Da jedes Ding seinen Astralkörper hat, oder richtiger gesagt, da die äußere Erscheinung eines jeden Dinges auf der physischen Ebene nichts als die materielle Verdichtung oder Verkörperung eines astralischen Dinges ist, das auch ohne dieses materielle Gewand existieren kann und existierte, ehe der physische Körper vorhanden war, so finden sich auch auf der Astralebene die Typen von allen Dingen, deren materielle Erscheinungen wir in der äußerlichen Natur wahrnehmen; die Luft, das Feuer, das Wasser, die Erde in ihren verschiedenen Formen und Gestalten, mit ihren verschiedenen Bewohnern, die dem Mineralreiche, dem Pflanzen- oder Tierreiche angehören. Aber außer diesen hat die Astralebene noch die ihr allein eigentümlichen Geschöpfe, welche auf der physischen Ebene noch nicht zur Verkörperung gelangt sind. Hierzu gehören vor allem die Geister der vier Elemente, und in Bezug auf sie sagt H. P. Blavatsky wie folgt: „Eine andere Art von Elementarwesen, welche in dem gegenwärtigen Manvantara nicht zu Menschen werden, sondern sozusagen eine ihnen eigentümliche Stufe auf der Leiter der Evolution einnehmen, können im Vergleiche mit anderen als Naturgeister oder als kosmische Handlungskräfte bezeichnet werden, von denen jede Klasse ihrem eigenen Elemente angehört und niemals in das Gebiet der anderen eindringt. Dies sind die Wesen, welche Tertullian „die Fürsten der Mächte der Luft" nannte.

In den Schriften der Kabbalisten des Ostens, sowie in denen der Rosenkreuzer und Alchemisten des Westens wird von diesen Wesen gesagt, dass sie in den vier Reichen der Natur, Erde, Feuer, Luft und Wasser geboren und aus diesen Elementen entstanden sind. Sie werden Gnomen, Salamander, Sylphen und Undinen genannt. Sie sind Naturkräfte (vergleichbar mit Licht, Wärme, Luft und Elektrizität) und (wie diese) dienen sie entweder als blinde Werkzeuge zur Ausführung der

Naturgesetze, oder sie können, wie bereits im vorhergehenden Kapitel beschrieben wurde, von entkörperten Geistern, seien dieselben nun rein oder unrein, von Adepten der weißen Magie und von Zauberkünstlern und Hexen (Fakiren, Derwischen, Mediums usw.) verwendet werden, um gewisse Phänomene hervorzubringen. Der Adept beherrscht diese Geister, das Medium wird von denselben beherrscht. Sie werden (fast) nie zu Menschen.

Diese Geister der vier Elemente finden sich in den Mythen und Märchen, in den Volkssagen und in der Dichtung aller Nationen, der alten sowohl als der neueren, unter vielerlei Namen, wie z. B. Feen, Paris, Devs, Dschins, Satyre, Faunen, Elfen, Kobolde, Nixen, Nymphen usw. In jedem Teile der Welt und in jedem Zeitalter wurden sie von hierzu begabten Personen gesehen und beobachtet, von den einen gefürchtet, von anderen angerufen oder verehrt. Ist es denn vernünftig, anzunehmen, dass alle die Tausende, welche diese Naturgeister kennen, an Halluzinationen leiden, und dass niemand einen klaren Verstand hat, ausgenommen der kurzsichtige Herr Professor auf seinem Katheder, der die Welt durch seine gefärbte Brille betrachtet und überhaupt nichts weiß, als was in seinen Büchern beglaubigt ist?

Diese Elementargeister sind die hauptsächlichsten Mitwirker in der Hervorbringung von sogenannten physischen Phänomenen (Tischrückerei, Tischklopferei usw.) in den spiritistischen Experimenten, und werden hierzu von den entkörperten, aber niemals sichtbaren Larven benützt, die von der Mehrzahl der Spiritisten für Geister verstorbener Menschen gehalten werden. Sie bringen alle Phänomene mit Ausnahme der subjektiven hervor."

Wer die Natur des Menschen und seine Evolutionsgeschichte kennt, der wird in dem Dasein der Bewohner der vier Elemente gar nichts Absonderliches finden. Vor Millionen von Jahren, ehe unsere Körper die jetzige grobmaterielle Form angenommen hatten, waren auch wir unsichtbare Geister, d. h. unsichtbar nach dem Maßstabe unserer jetzigen sinnlichen Wahrnehmung, wohl aber sichtbar unter den Verhältnissen jener Periode. Es ist schwer, sich von unserem damaligen Zustande einen annähernden Begriff zu machen. Die „Geheimlehre" sagt: „Im Anfange war der Mensch ein Linga-Sharira, ein Astralwesen, ins Leben gerufen durch Prana (den Atem Gottes), den Lebensgeist der Sonne des Weltalls. Die Monade, Atma-Buddhi (der Geist Gottes), aus Mahat geboren, ein Strahl des ewigen Lichtes, brütete über der Tiefe, in welcher diese

Astralwesen enthalten waren; der materielle körperliche Mensch war noch nicht vorhanden, drei Weltperioden und eine halbe waren nötig, ehe sein Organismus vollkommen wurde, und er zu denken begann." Dasselbe lehrt auch der ägyptische Hermes, auf dessen Tafeln es heißt: „Sein (des Menschen) Vater ist die Sonne (die Weisheit), seine Mutter der Mond (der Intellekt), der Wind (Akasa) trug ihn in seinem Bauche, und seine Früchte sind die Geschlechter der Menschheit."

Da man sich unter der Bezeichnung Geist gewöhnlich etwas ganz anderes vorstellt, als was ein anderer damit meint, so wollen wir in diesen Blättern für die Bewohner der vier Elemente die Bezeichnung Elementarwesen gebrauchen. Dieselben haben keine bestimmte Form und man könnte sie vielleicht richtiger als Kraftherde beschreiben, welche instinktive Begierden, aber kein Bewusstsein (nach unseren Begriffen) besitzen.

„Diese Art von Elementarwesen besitzen nur eines der drei Hauptattribute des Menschen. Sie haben weder einen unsterblichen Geist, noch einen greifbaren Körper, sondern nur Astralfonnen, welchen die Eigentümlichkeiten des Elementes, dem sie angehören, zukommen, und die auch an den Eigenschaften des Äthers teilnehmen. Sie sind eine Zusammensetzung von verfeinerter Materie und noch unentwickeltem Geist (Manas). Manche bleiben während mehrerer Weltperioden unverändert, haben aber keine bestimmte Individualität; andere, die gewissen Klassen und Gattungen angehören, wechseln ihre Gestalt einem bestimmten Gesetze gemäß, das den Kabbalisten bekannt ist. Die solidesten der Körper dieser Wesen sind gerade immateriell genug, um nicht mit körperlichen Augen gesehen zu werden, aber dennoch hinlänglich materiell, um dem inneren Auge des Hellsehenden sichtbar zu sein. Sie alle existieren im Äther und können darin leben, ja sie können sogar mit dem Äther umgehen und ihn zur Hervorbringung physischer Phänomene ebenso leicht verwenden, als wir das Wasser oder die Luft zu mechanischen Zwecken verwenden können. Dabei helfen die menschlichen Elementarwesen, die Larven verstorbener Menschen mit. Ja noch mehr! Sie können den Äther so verdichten, dass sie sich daraus fühlbare Körper bilden, und sie können denselben je nach Umständen verschiedene Formen geben, so dass sie bald in dieser, bald in jener Gestalt auftreten, wobei sie als Modelle die Bilder nehmen, welche sie in dem Gedächtnisse anwesender Menschen finden. Auch ist es hierbei nicht nötig, dass die Anwesenden sich an das Aussehen der betreffenden Person, sei sie lebend oder verstorben, erinnern; sein Bild mag aus der bewussten Erinnerung schon seit Jahren verschwunden sein und dennoch im Astrallichte existieren. Die Seele erhält bleibende Eindrücke von allerlei Wahrnehmungen, sogar von zufälligen Begegnungen oder Personen, die man bloß im Vorübergehen gesehen hat. Wie eine Momentexposition einer fotografischen Platte genügt, um darauf das Bild eines Gegenstandes festzuhalten, so ist es auch mit der Seele.

„Proklus lehrt, dass die höchsten Regionen vom Zenith des Universums bis herab zum Monde den Göttern und Planetengeistern mit ihren Hierarchien und Klassen gehörte. Die höchsten unter diesen wären die Über-Uranier oder überhimmlischen Götter mit vielen Legionen von untergeordneten Engeln und Dämonen. Diesen folgen in Stellung und in Macht die intrakosmischen Götter, deren jeder eine große Zahl von Dämonen unter sich hat. Sie flössen denselben ihre Kraft ein, je nach Belieben diesem oder jenem. Diese sind augenscheinlich die personifizierten Naturkräfte in ihren gegenseitigen Wechselwirkungen, und diese letzteren stellen die dritte Klasse von Elementarwesen dar.

Proklus weist ferner mit Bezugnahme auf den Hermetischen Grundsatz von Typen und Prototypen nach, dass die unteren Sphären ähnlich wie die überhimmlischen Sphären ihre Unterabteilungen und Klassen von Wesen haben, wobei die tieferstehenden stets den höherstehenden unterworfen sind, und von diesen geleitet werden. Er sagt, dass die vier Elemente von Dämonen bevölkert seien und stimmt mit Aristoteles darin überein, dass es in der Natur keinen leeren Raum gibt. Die Dämonen der Erde, der Luft, des Feuers und Wassers sind von einem elastischen, ätherischen, halbkörperlichen Wesen. Sie sind die zwischen den Göttern und Menschen wirkenden und vermittelnden Kräfte. Obgleich sie in Beziehung auf Intelligenz tiefer stehen, als die sechste Klasse der höheren Dämonen, so stehen sie doch den Elementen und der organischen Lebenstätigkeit vor. Nach ihnen richten sich das Wachstum, das Blühen, die Eigenschaften der Pflanzen und die in diesen vorgehenden Veränderungen. Sie sind die personifizierten Ideen oder Tugenden, welche vom himmlischen Hyle in die nicht organisierte Materie sich senken, und da das Pflanzenreich eine Stufe höher steht als das Mineralreich, so erlangen diese Ausstrahlungen der himmlischen Götter in den Pflanzen Gestalt und Wesen und werden die Seelen derselben.

Dies ist es, was die Lehre des Aristoteles von den drei Prinzipien der natürlichen Körper als Form bezeichnet. Seine Philosophie lehrt, dass außer der ursprünglichen Materie und Kraft noch ein anderes Prinzip nötig ist, um die Dreieinigkeit der Natur eines jeden Dinges vollkommen zu machen, nämlich die Form, ein unsichtbares, aber dennoch in einem gewissen Sinne dieses Wortes substantielles Wesen, das von der eigentlichen Materie verschieden ist. So muss in einem Tiere außer den Knochen, Fleisch, Nerven, Gehirn, Blut usw., und in einer Pflanze außer dem Zellgewebe, Fasern und Saft, die durch den Organismus strömen und alle Teile desselben ernähren, und außer den tierischen Geistern, welche die Ursache der Bewegung und chemischen Energie ist, welche im grünen Blatte in Lebenskraft verwandelt wird, noch eine substantielle Form vorhanden sein, welche Aristoteles in einem Pferde die Seele des Pferdes nannte. Proklus nennt es den Dämon der Mineralien, Pflanzen und Tiere, und die Philosophen die Elementargeister der vier Reiche der Natur."

Diese Wesen werden aber nur insofern Geister genannt, als sie für uns unkörperlich und unsichtbar sind. In der Tat fehlt ihnen gerade der Geist, d. h. das Bewusstsein des göttlichen Geistes in der Natur, und deshalb werden sie auch als seelenlose Wesen beschrieben, d. h. als Wesen, denen der göttliche Geist fehlt, durch welchen die Seele das Bewusstsein der Unsterblichkeit erlangen kann. Paracelsus sagt: „Das Fleisch muss also verstanden werden; dass es zweierlei ist, nämlich das Fleisch aus Adam (dem Erdenmenschen), und das Fleisch, das nicht aus Adam ist. Das Fleisch aus Adam ist ein grobes Fleisch, denn es ist irdisch, und es ist zu fassen und zu binden, wie Holz oder Stein. Das andere Fleisch ist nicht aus Adam, es ist ein subtiles Fleisch, und ist nicht zu binden und zu fassen. Nun ist das Fleisch aus Adam der Mensch aus Adam; der ist grob wie die Erde, dieselbe ist kompakt; also dass der Mensch nicht durch eine Mauer schlüpfen kann, noch durch eine Wand, ohne dass er erst ein Loch macht; aber das Fleisch, welches nicht aus Adam ist, dem bietet das Gemäuer kein Hindernis, dieses Fleisch bedarf keiner Türe und keines Loches, sondern geht durch Mauern und Wände, ohne etwas zu zerbrechen. Nun sind sie beide Fleisch und Blut und Bein und dergleichen, was zu einem Menschen gehört, und in aller Natur beschaffen wie der Mensch. Sie sind aber insofern von einander verschieden, als zwei Ursprünge vorhanden sind, d. h. zwei Väter. Wie Geist und Mensch sich zu einander verhalten, also verhält es sich mit den Leuten (Elementarwesen) von denen ich schreibe, und mit den Menschen; sie sind aber vom Geist insofern verschieden, als sie Blut, Fleisch und Gebein haben. Dabei gebären sie Kinder und Frucht, reden, essen, trinken und wandeln, was alles ein Geist nicht tut. Sie sind gleich dem Geiste in Geschwindigkeit (der Bewegung) und ähnlich den Menschen in Gestalt, und deshalb Leute, die Geisterart an sich haben. Der

Mensch hat eine Seele, der Geist (Elementargeist) hat keine. Diese Kreaturen gleichen den Menschen mehr als dem Vieh, sind aber weder Mensch noch Vieh. Wie ein Affe, der das dem Menschen ähnlichste Tier ist, in Gebärden und Werken, so sind sie ähnlich den Menschen; allein ohne Seele, und ähnlich wie Geister, die niemand sehen kann. Dess soll sich niemand verwundern, dass es solche Kreaturen geben soll, denn Gott ist wunderbarlich in seinen Werken. Diese Dinge sind nicht täglich vor unseren Augen, sondern erscheinen gar selten und kommen uns wie ein Traumbild vor; wir aber haben nötig, diese großen Wunderwerke zu ergründen, um unseren Schöpfer recht zu erkennen in seinen wunderbarlichen Offenbarungen in der Natur.

Wie man sagt, dass der Mensch ein Bildnis Gottes ist, so kann man auch sagen, diese Leute sind ein Bildnis des Menschen. Der Mensch ist nicht Gott, wenn er gleich in Gottes Gleichnis geschaffen ist, und ebenso sind auch diese Kreaturen nicht Menschen, obgleich sie nach dem Bildnis des Menschen gemacht sind. Obgleich sie tierischer Natur sind, so haben sie doch menschliche Vernunft, aber keine (göttliche) Seele, und nicht die Verpflichtung, Gott zu dienen und zu wandeln auf seinem Wege. Ihre Vernunft ist höher wie die der Tiere. Wie der Mensch über allen Kreaturen auf Erden der nächste ist bei Gott, so sind sie über allen anderen Kreaturen dem Menschen am nächsten.

Die Sagen und Märchen der verschiedensten Völker stimmen darin überein , dass diese Kreaturen nur dadurch unsterblich werden können i dass sie durch ihre Vereinigung mit dem Menschen eine unsterbliche Seele (Buddhi) erlangen.

Ihrer Wohnungen sind viererlei, nämlich nach den vier Elementen; die einen bewohnen das Wasser, die anderen die Luft, die dritten die Erde, die vierten das Feuer. Im Wasser sind die Nymphen, in der Luft die Sylphen, die Pygmäen wohnen in der Erde und die Salamander im Feuer; sie werden auch beziehungsweise Undinen, Sylvestri, Gnomen und Vulkani genannt. Jedes Geschlecht hat seine eigene Wohnung (Element) und keines verkehrt mit dem anderen; aber dem Menschen können sie alle erscheinen, dass er erkenne und sehe, wie wunderbar Gott in seinen Werken sei, und dass er kein Element leer stehen lässt.

Wir Menschen leben in der Luft und sind von ihr umgeben wie ein Fisch von dem Wasser umgeben ist, und können ebenso wenig ohne Luft leben, als ein Fisch ohne Wasser. Gleicherweise ist das Element des Wassers für die Undinen wie für uns die Luft, und was uns die Luft ist, das ist für die

Gnomen die Erde, so dass sie durch Mauern und Felsen gehen können, wie wir durch die Luft. Desgleichen ist das Feuer die Luft der Salamander; die Sylphen aber stehen uns am nächsten, weil ihre Luft auch unsere Luft ist. Sie sind alle unter Gottes Schirm und werden von ihm bekleidet und geführt; denn Gott ist nicht allein mächtig, den Menschen zu versorgen, sondern auch alles andere, wovon der Mensch nichts weiß und es nur langsam erfährt. Und wie wir durch die Luft die Sonne scheinen sehen, so sehen die Gnomen durch die Erde, die Undinen durch das Wasser und die Salamander durch das Feuer. Die Undinen sind den Menschen ähnlich an Größe und Gestalt; die Sylphen sind länger und stärker; die Gnomen sind nur ungefähr zwei Spannen lang; die Salamander aber veränderlich, lang und dünn.

Alles was Gott beschaffen hat, lässt er dem Menschen offenbar werden; aber solche Offenbarungen geschehen nicht alle Tage, sondern so viel nötig ist, um den Glauben daran zu erhalten.

Dies sind im allgemeinen die Umrisse, mit denen Theophrastus das Wesen der Bewohner der vier Elemente zeichnet, und seine Aussagen stimmen mit denen anderer Metaphysiker überein. Es mag davon jeder denken, was er will, und darin finden, was er zu finden fähig ist. Wer von diesen Dingen keine Erfahrung und dafür kein Verständnis hat, ist weder zu ihrer Bejahung noch zu ihrer Verneinung berechtigt.

H. P. Blavatsky sagt: „Alles dies wird in unserem degenerierten Jahrhundert als Naturschwärmerei und Aberglauben erklärt; dennoch liegt in diesen Theorien ein Funke von Wahrscheinlichkeit für den denkenden Menschen und sie enthalten vielleicht den Schlüssel zum Finden des fehlenden Gliedes derjenigen Wissenschaft, welche sich die exakte nennt. Diese Wissenschaft fängt an, so dogmatisch zu werden, dass sie alles, was nicht der induktiven Methode (der Spekulation) entspringt, als phantastisch erklärt, und Professor Joseph Le Conte behauptet, dass die besten Gelehrten bereits den Ausdruck Lebenskraft mitleidig als das Überbleibsel eines veralteten Aberglaubens belächeln und statt dessen Lebenstätigkeit setzen wollen; als ob es eine Tätigkeit geben könnte, wo keine Kraft vorhanden ist! So arbeitet die Wissenschaft eifrig daran, den unsterblichen, denkenden Menschen in einen Automaten zu verwandeln, der von einem Mechanismus getrieben wird (der unbegreiflicherweise von selber geht). Wo eine Lebensäußerung vorhanden ist, da muss auch Lebensenergie vorhanden sein, und wie es besondere Arten von Tätigkeiten gibt, so gibt es auch verschiedene Formen von Kräften.“

Das ist ja gerade die Ursache der Verkommenheit unseres kraftlosen Geschlechtes, dass wir unsere eigene, unserem Dasein zu Grunde liegende Kraft nicht mehr erkennen und nur ein Scheinleben führen im Reiche der wissenschaftlichen Phantasie. Wir können keine Geister sehen, weil wir nicht mehr fähig sind, uns selbst als Geister zu erkennen, welche den Körper beherrschen; wir werden von unserem Körper, der doch nur ein Werkzeug für unsere Kraft sein sollte, und seinen Begierden beherrscht, und je mehr wir uns mit der materiellen Form identifizieren, um so mehr schwindet das Selbstbewusstsein des Geistes, die geistige Energie und geistige Wahrnehmung, und es bleibt nichts mehr übrig, als die Sinnlichkeit und die wissenschaftliche Träumerei. Die Habsucht der Menschen hat die Feen und Elfen aus unseren Bergen und Tälern vertrieben, und an die Stelle der verlorengegangenen Empfindungsfähigkeit für die Schönheit tritt die Sucht nach Befriedigung der wissenschaftlichen Neugierde, an die Stelle der Größe des Geistes ein borniertes Verstand.

In der jüdischen Kabbala sind die Bewohner der vier Elemente unter dem allgemeinen Namen Schedim bekannt und werden in vier Klassen eingeteilt. Die Inder nennen sie Bhutas und Devas, die Perser Devs, die Griechen nennen sie im Allgemeinen Dämonen und die Ägypter Afriten. „Die alten Mexikaner," sagt Kaiser, „glaubten an das Vorhandensein zahlreicher Wohnplätze für Geister verschiedener Art. Die Seelen der Heroen stiegen zum Himmel auf, aber die scheußlichen Larven unverbesserlicher verkommener Menschen wanderten verzweiflungsvoll in unterirdischen Höhlen, festgebannt innerhalb der Atmosphäre der Erde, ohne den Willen und ohne die Kraft, frei zu sein. Sie verbrachten ihre Zeit damit, mit Sterblichen (nach Art der Spiritisten) zu verkehren, sie zum Besten zu halten oder zu erschrecken. Manche afrikanische Stämme kennen sie unter dem Namen Jowahus.

Die Bewohner der vier Elemente (und unter den Elementen sind nicht deren äußere Erscheinungen, sondern die metaphysische Basis derselben zu verstehen), werden von den Brahminen Daityas genannt. Die Eingeweihten wissen, dass diese Elementargeister nach gewissen Himmelsgegenden angezogen werden, und zwar durch eine geheimnisvolle Kraft, ähnlich derjenigen, welche die Magnetnadel dem Pole zuwendet. Wenn wir nur den Umstand im Gedächtnisse festhalten wollen, dass die rasend schnelle Bewegung der Planeten durch den Weltenraum eine ähnliche Störung im plastischen kosmischen Äther hervorrufen muss, wie eine abgefeuerte Kanonenkugel in der Luft, oder wie ein Dampfer im Wasser, das er durchzieht, und wenn wir uns dieses im vergrößerten (kosmischen) Maßstabe denken, so ist es leicht verständlich, dass gewisse Aspekte der Planeten eine viel größere Störung im Äther verursachen können, als andere, und gewisse starke Strömungen nach gewissen Richtungen herbeiführen können. Diese Betrachtung lässt es als begreiflich erscheinen, dass ganze Schwärme von freundlichen oder auch feindlichen Elementarwesen in unsere Atmosphäre oder in irgendeinen bestimmten Teil derselben eingeführt werden und dass dadurch gewisse Ursachen geschaffen werden, welche schließlich zu sich äußerlich geltend machenden Resultaten führen. Wenn der Kalendermacher im voraus den Eintritt einer Sonnenfinsternis berechnen kann, weil er die Revolutionen der Körper der Planeten kennt, weshalb sollte dann derjenige, welcher das Ineinanderwirken bestimmter geistiger Einflüsse kennt, nicht auch den Eintritt gewisser Epidemien, Erdbeben usw. im voraus berechnen können, wie es die indischen Astrologen tun und wie es Paracelsus und andere klarsehende Menschen getan haben.

Die Elementargeister sind nicht nur außerhalb unseres Organismus, sondern wie wir in unserem Körper alle vier Elemente, Erde (Stoff), Feuer (Energie), Wasser und Luft haben, so sind auch in unserer Natur die Geister der vier Elemente enthalten. Wir brauchen, um uns von ihrem Dasein zu überzeugen, nicht aus uns selbst herauszugehen, sondern nur in uns selber zu suchen. Auch wird das Temperament eines Menschen von dem eines anderen verschieden sein, je nach dem Elemente, das in ihm vorherrschend ist, und da Gleiches sich zu Gleichem gesellt, bestimmt das in ihm vorherrschende auch die Einflüsse, welche er anzieht.

Man sagt, dass die verschiedenen Rassen von Geistern einen bestimmten Einfluss auf gewisse menschliche Temperamente habe, und den einen mehr beherrschen können, als den anderen. (Der selbstbeherrschende Mensch ist natürlich der Herr seines Temperaments.) Ein biliöses, lymphatisches, nervöses oder sanguinisches Temperament kann deshalb je nach Umständen günstig oder ungünstig von gewissen Zuständen des Astrallichtes, die von bestimmten Stellungen der Planeten herrühren, beeinflusst werden, und hierauf beruht die Möglichkeit gewisser Vorhersagungen durch das Horoskop und die Astrologie. Die Richtigkeit solcher Prophezeiungen hängt natürlich nicht bloß von astronomischen Berechnungen, sondern vor allem von einer Kenntnis der okkulten Naturkräfte ab.

Wahrsagen kommt her von die Wahrheit sagen, d. h. dasjenige sagen, was

man wahrnimmt, nicht aber was man sich einbildet, was man nicht sieht und was nicht wahr ist. Es ist ein Aberglaube, zu meinen, dass ein bestimmtes Ereignis im Leben eines Menschen eintreten müsse, weil die planetarischen Einflüsse hierzu günstig sind, denn da hätte ja der Mensch keinen freien Willen mehr und wäre der Narr seiner Planeten. Deshalb sagt auch Paracelsus: „Unsere Neigungen richten sich nach den auf uns wirkenden Einflüssen; ein weiser Mensch aber herrschet über das Gestirn."
Eine Kenntnis der okkulten Kräfte der Natur ist nicht das Resultat der theoretischen Forschung und wird nicht durch das bloße Bücherlesen erworben, sondern es gehört hierzu vielmehr die eigene geistige Entwicklung, ein Erwachen eines höheren Bewusstseins, durch welches allein eine geistige Wahrnehmung möglich ist, denn lägen diese Kräfte so klar am Tage, dass sie ein jeder sehen könnte, so wären sie ja nicht okkult.
Überall in der Natur ist Leben, überall Geist. Wollen wir uns von dem Unsichtbaren einen Begriff machen, so finden wir im Sichtbaren Symbole und Gleichnisse, die uns dazu behilflich sind. Wir wissen z. B., dass das Wasser ein in der ganzen Natur verbreiteter Körper ist, und dass es, wenn es auch in Millionen von Tropfen zerteilt wird, deren jeder in einer anderen Gestalt erscheint, es dennoch stets Wasser bleibt. Als unsichtbarer Dampf ist es in der Atmosphäre verbreitet, ein Teil davon wird zu Nebeln verdichtet, welche die Täler durchwandern, andere bilden Wolken, welche die höchsten Bergesgipfel umschweben; ein Teil fällt als Regen hernieder und dringt in die Erde ein, die er befruchtet, ein anderer Teil tritt als Hagel auf, der die Früchte der Erde zerstört, oder es bildet sich Schnee oder Eis, und was früher unsichtbar war, ist nun zu einem harten, greifbaren, undurchdringlichen Körper geworden und erscheint als ein Wunder dem Kinde, das den Zusammenhang nicht versteht. So tritt auch der eine Lebensatem im Weltall in verschiedenartigen Formen und Lebenstätigkeiten auf; das Formlose bildet Formen und sie lösen sich wieder auf; das Unsichtbare kann sichtbar und das Sichtbare unsichtbar werden; was gibt es da zu verwundern für denjenigen, der das Gesetz erkennt? Der einseitige Gelehrte, dessen ganze Lebensenergie von seiner Gehirntätigkeit in Anspruch genommen wird, der nur grübeln aber nicht fühlen kann, weiß nichts vom Geist; der gefühlvolle Mensch erkennt das Dasein des Höheren durch das Gefühl, und aus dem Gefühle entspringt die Kraft seines Sehens. Deshalb haben auch die Theosophen und Dichter aller Zeiten, von Homer bis auf unsere Zeit, das Dasein der Bewohner der vier Elemente erkannt.

Die Blinden verlangen Beweise, wer aber sehen kann, der hat weiter keinen Beweis nötig; seine Augen beweisen ihm, dass er sieht; wer aber nichts sieht, der kann auch nichts erkennen; der beste Beweis ist für ihn nur die Bestätigung einer Meinung, aber noch lange keine Erkenntnis.

Die Alten, welche nur vier Elemente benannten, beschrieben das fünfte, den Äther, als das eine Element (die Grundlage der anderen vier) und betrachteten es als die Vermittlungsstufe zwischen der Welt des Sichtbaren und des Unsichtbaren. Sie glaubten, dass, wenn die Intelligenzen, welche im Raume herrschen, sich von irgendeinem Teile der vier Königreiche, die unter ihrer Aufsicht stehen, zurückzögen, der betreffende Teil den Mächten des Bösen überlassen sei. Wer deshalb mit den unsichtbaren Geistern verkehren, oder die Bewohner der vier Elemente sich dienstbar machen wollte, der musste selber ein geistig hochstehender und weiser Mensch sein und sich an die guten Mächte halten. Der Tor aber, welcher sich selbst den Einflüssen, welche er nicht kennt, preisgibt, weiht sich selbst dem Verderben.

Der Geist der Harmonie und Einigkeit, gestört durch die frevelnde Hand des unverständigen Toren, verlässt die Elemente (den Äther) und die Strömungen vernunftloser Kräfte werden von zahllosen Ausgeburten der Materie und des Instinktes belebt. Dämonen und Teufel (Larven), Gnomen, Salamander, Undinen und Sylphen bemächtigen sich des Gemütes des Unerfahrenen. Da sie nicht fähig sind, irgend etwas Neues zu schaffen, so dringen sie in die Tiefen seines Gedächtnisses ein. Daher auch die nervöse Erschöpfung und der Druck, welcher auf der Seele derjenigen lastet, welche diese Einflüsse anziehen. Die Elementarwesen bringen ans Licht längst verschwundene Erinnerungen aus der Vergangenheit Formen, Bilder, welche vergessen sind, aber dennoch in den Tiefen des Gedächtnisses aufbewahrt, in den Astralblättern des Buches des Lebens in unauslöschlichen Zügen verzeichnet sind.

Wer selbst geistig groß ist, der kann auch die ihm bekannten und tiefer als er stehenden Geister, seien es nun seine eigenen Instinkte, Neigungen, Leidenschaften und Gedanken, oder die Gemüter anderer Menschen beherrschen. Dies sehen wir schon im alltäglichen Leben, und brauchen uns den Beweis dafür nicht erst aus dem Jenseits zu holen; wer sich aber in das Reich der Dämonen und Elementarwesen begibt, welche er nicht kennt, und ihnen, weil er sie für höhere Wesen hält, sein Gemüt eröffnet, der setzt sich der Gefahr aus, von ihnen *besessen* zu werden, und nicht nur physisch und moralisch, sondern auch intellektuell zu verderben, wie es die

Geschichte so vieler hervorragender Spiritisten beweist.

Es gibt vielerlei Geister, aber nur einen Geist, aus dem sie alle entspringen. Diesen einen Geist sollten wir kennen lernen, ehe wir uns mit den Geistern, die von ihm stammen, befassen. Dieser eine Geist aber ist der Geist Gottes im Weltall, der die Ursache des Daseins aller Geister und somit auch die Ursache des Daseins unseres eigenen Geistes ist. Wo aber könnten wir diesen Geist eher kennen lernen, als indem wir in unserer eigenen Seele, welche ein Tempel des göttlichen Geistes ist, diesen Geist aufsuchen und mit ihm verkehren? Dieser Geist ist der Geist der Wahrheit, welcher in uns zum Wesen und Fleisch werden soll, damit wir ihn als unser eigenes wahres Selbst erkennen, dasjenige Selbst, um das es sich handelt, wenn in theosophischen Schriften von Selbsterkenntnis die Rede ist. Dieses Selbst ist der Geist, durch dessen Licht die Wahrheit in allen Dingen erkannt wird, und außerhalb dessen alles nur Lüge und Täuschung ist, und deshalb bewährt sich auch im Studium des Spiritualismus als oberster Grundsatz die alte Lehre: Mensch, erkenne dich selbst!

III. Die verschiedenen Arten der Menschengeister

Wir haben in den vorhergehenden zwei Kapiteln die verschiedenen Klassen der die Astralwelt bewohnenden Wesen, Intelligenzen, Kräfte und Formen, und dann die Elementarwesen der vier Elemente im Besonderen besprochen. Alle diese Wesen sind keine Ausgeburten der Phantasie, welche für sich keine Existenz haben, sondern sie sind ebenso wie Licht, Elektrizität usw. wirklich vorhandene Daseinsformen, die unter gewissen Bedingungen Gestalt annehmen, ja sogar objektiv in die Erscheinung treten können. Wer das Dasein von Elementargeistern, Engeln und Teufeln bezweifelt, der braucht sich bloß selbst zu betrachten, und er findet, je nach seinem Zustande, die eine oder die andere Klasse in sich selbst repräsentiert. Ist sein Wille gut und seine Seele vom Geiste der göttlichen Selbsterkenntnis durchdrungen, so findet er in sich selber einen Gott; ist sein Wollen von der Begierde zum Bösen durchdrungen, so kann er in sich selber den Teufel erblicken; ist er ganz vom Sinnlichen eingenommen, ohne ideale Weltanschauung und ohne ein Verlangen nach etwas Höherem, als die Befriedigung seiner leiblichen Bedürfnisse oder seiner wissenschaft-lichen Neugierde, so ist der Mensch, den der Geist Gottes (das wahre Selbst) verlassen hat, auch nichts weiter als ein Elementarwesen in menschlicher Gestalt, in welchem alle vier Elemente vereinigt sind, aber die Hauptsache, die ihn zum Menschen stempelt, fehlt. Ferner ist es schon vor undenklichen Zeiten bekannt gewesen, dass es keine Kraft ohne Stoff gibt. Wo eine Kraft vorhanden ist, da ist auch etwas Substantielles vorhanden, in dem sie wirkt. Die Kraft selbst ist substantiell. Sie kann eine Kraftäußerung der Materie genannt werden, ebenso gut als man Materie latente Kraft nennen kann, wobei allerdings zu bedenken ist, dass das, was wir Materie nennen, nicht sichtbar ist. Das, was man mit körperlichen Augen sieht, ist nicht die Materie selbst, sondern nur deren äußerliche Offenbarung oder Erscheinung. Wenn der Mensch daher eine geistige Kraft hat, welche den Tod des Körpers überlebt, so muss diese Kraft auch etwas Stoffliches (im transzendentalen Sinne) sein, und wieder in die Erscheinung treten können, so wie es die Reinkarnationslehre anschaulich macht. Ist sie aber ein individuelles Wesen, so muss sie auch ihre individuelle Organisation haben, und wenn der Körper verschwindet, irgendwo im Weltall vorhanden sein. Diese Schlussfolgerung ist ebenso logisch, als tausend andere, auf denen die exakte Wissenschaft beruht.

Diese Spekulationen führen uns zur Betrachtung der verschiedenen Menschengeister, und von diesen finden wir nun so viele Klassen und Verschiedenheiten, als es überhaupt Klassen von menschlichen Charakteren und Persönlichkeiten im Weltall gibt; denn wohl jeder Mensch unterscheidet sich in irgendetwas von einem anderen Menschen, wenn er auch mit ihm zu derselben Klasse gehört.

Menschliche Elementarwesen.

Hierunter verstehen wir jeden Menschen, sei er verkörpert und auf der Erde wandelnd, oder entkörpert in irgend einem der verschiedenen Zustände, in welche die Seele nach dem Tode des Körpers eingehen kann. Wir verstehen darunter jeden Menschen, abgesehen von dem ihn erleuchtenden göttlichen Geist (Atma), folglich die Persönlichkeit des Menschen mit allen ihren niederen Willensformen und intellektuellen Funktionen (Kama-Manas) ohne die höhere geistige Intelligenz (Buddhi-Manas), welche bei manchen Menschen verloren gegangen, bei der Mehrzahl noch nicht zum Bewusstsein gelangt ist. Ohne diese höhere Erkenntnis oder Liebe zum Guten ist selbst der klügste Mensch nichts als eine Summe von materiellen Daseinsformen (Tattwas), und im Grunde genommen ein Sohn der Erde, ein Elementarwesen, in welchem ein wirklicher Mensch, ein Sohn Gottes, geboren werden kann, der aber selber noch kein Mensch (im wahren Sinne des Wortes) ist.

Um diese verschiedenen Klassen von Charakteren (Geistern), wie wir sie im Diesseits oder im Jenseits finden, auch nur flüchtig zu besprechen, dazu fehlt uns der Raum. Jeder Mensch beschäftigt sich mit diesem Studium mehr oder weniger sein ganzes Leben lang, und es ist der Zweck aller belletristischen Literatur und des Theaters, sich über die verschiedenen Charaktere, denen wir im menschlichen Leben begegnen, klar zu werden; ein Zweck, welcher deshalb niemals völlig erreicht werden kann, weil sich die geistigen, wie auch die körperlichen Eigenschaften des Menschen beständig verändern, so lange der Mensch noch nicht zu seinem wahren Gottesbewusstsein gekommen ist. Alle unsere Psychologen haben es nicht mit der wirklichen Seele des Menschen, sondern nur mit den stets wechselnden Eigenschaften des Kama-rupa, mit dem niederen Teile von Manas, wenn nicht gar bloß mit physiologischen Vorgängen zu tun. Die wahre Seele des Menschen, Psyche, ist kein Gegenstand der materiellen Wissenschaft, sondern der geistigen Erkenntnis.

Die Elemente, aus denen diese menschlichen Elementargeister zusammengesetzt sind, werden von denjenigen Natureigenschaften gebildet, welche im Organismus des Menschen zu Kräften geworden sind. Sie bilden alle die Tugenden und Laster, welche dem Egoismus entspringen. Dahin gehören die Habsucht, der Geiz, die Unzufriedenheit, Begierde, Zorn, Eitelkeit, Stolz, Größenwahn, Neid, Eigendünkel, überhaupt alle menschlichen Leidenschaften, welche Formen seines Selbstwillens sind. Ferner gehören dazu alle die Vorstellungen, Meinungen, Vorurteile und Theorien, welche sich der Mensch angeeignet hat, die in ihm eingewurzelt und Fleisch geworden sind. Das einzige, was in diesen Elementargeistern wahrer Mensch ist, ist derjenige Teil seines Wesens, welcher die Wahrheit will und von der Wahrheit durchdrungen ist. Da es aber verhältnismäßig nur wenige Menschen gibt, in denen die Wahrheit zur lebendigen Kraft geworden ist, so findet man im alltäglichen Leben auch mehr Elementarmenschen, als wirkliche Menschen, und es wäre wohl oft eine Diogenes-Laterne nötig, um unter den vielen Scheinmenschen ein Wesen zu finden, das in Wirklichkeit ein **wahrer Mensch** ist.

Die psychischen Eigenschaften, mit denen der Mensch sein physisches Dasein verlässt, sind diejenigen, mit welchen er in das Jenseits, d. h. ins subjektive Leben eintritt. In jenem Leben aber findet eine Scheidung zwischen der geistigen und der materiellen Natur des Menschen (zwischen Kama-Manas und Buddhi-Manas) statt, und es ist somit erklärlich, dass mancher Spiritist, welcher sich einbildet, mit den erhabenen Geistern edler verstorbener Menschen Verkehr zu pflegen, in der Tat sich nur mit dem von diesen auf der Erde zurückgelassenen Unrat beschäftigt. Deshalb lauten auch die Mitteilungen Verstorbener, wenn sie nicht der Phantasie des Mediums entspringen, gemäß den Ansichten und Vorstellungen, welche sie während des Lebens angenommen hatten. Die Geister der Griechen und Römer wussten viel vom Hades und vom Elysium zu erzählen; der Katholik spricht vom Fegefeuer und der Protestant weiß nichts davon.

Was aber den geistigen Verkehr mit Menschengeistern betrifft, so wissen wir ja aus unserer alltäglichen Erfahrung, dass wir uns dem Geiste eines Menschen, sei nun sein Körper lebendig oder tot, stets nähern können, wenn wir imstande sind, in seinen Ideenkreis einzutreten, seinem Gedankengange zu folgen und mit ihm zu fühlen und zu empfinden. Schreibe ich etwas im Geiste dieses oder jenes Lebendigen oder Verstorbenen, so schreibt derselbe Geist, der ihn beseelt hat, auch durch mich, und ohne dass der Verstorbene oder Abwesende etwas davon weiß, spricht sich sein Charakter in dem, was ich schreibe, aus, und entspricht dem Charakter des Betreffenden, je nach meiner Fähigkeit, mich mit seinem Wollen und Denken zu identifizieren.

Die Seele des Verstorbenen hat damit gar nichts zu tun. Mache ich mir seine Denkungsart zu eigen, so ist sie die meinige so gut wie die seine, und umgekehrt, ohne dass ich oder er etwas dabei verliert.

Menschengeister.

Wie alle Menschen in Bezug auf ihr irdisches Wesen mit seinem Wollen und Denken, Empfinden und Handeln Elementarwesen sind, so sind auch alle Geister, seien sie nun lebendig oder gestorben, je nach dem Grade, in welchem der Geist in ihnen zur Kraft geworden ist. Ohne diese geistigen Kräfte gibt es keine geistigen Funktionen; denn es ist die Kraft, welche die Funktion ausübt, und nicht die Funktion, welche den Geist erschafft. Der Geist kann aber in einem Menschen zum Selbstbewusstsein gekommen sein, oder auch nicht. Ist der Geist eines Menschen während des Lebens zum Selbstbewusstsein gekommen, so ist kein Grund vorhanden, um anzunehmen, dass dieses geistige Selbstbewusstsein nach dem Tode des Körpers verschwinden sollte; denn es hat ja mit dem Körper gar nichts zu tun; der Körper ist nur das Gefäß, in dem es sich offenbart; im Gegenteile wird dieses geistige Selbstbewusstsein nach dem Wegfalle von allem, was hinderlich ist, nur um so klarer sein. Hat aber der Mensch zeitlebens nur ein alltägliches Traumleben geführt, und ist er nicht von seinem geistigen Schlafe erwacht, so wird er auch jenseits des materiellen Daseins geistig unbewusst sein, oder ein Traumleben führen, das allerdings dem irdischen Leben nicht an scheinbarer Wirklichkeit nachstehen mag. Auch versteht es sich wohl von selbst, dass, wenn es Menschengeister gibt, dieselben innerhalb des Weltalls und nicht außerhalb desselben vorhanden sind.

Der eigentliche Menschengeist (Atma-Buddhi-Manas) gehört nicht zu den Elementargeistern, und deshalb auch nicht in den Rahmen dieser Betrachtung. Er ist über alle Geister erhaben, unsterblich. Da es aber für unsere Zwecke von höchster Wichtigkeit ist, sich klar zu werden, welcher Unterschied zwischen Geist und Geistern ist, so wird es nötig sein, den beiden im Menschen enthaltenen Naturen eine kurze Betrachtung zu schenken. Vielleicht wird dadurch der eine oder der andere in sich selbst auf den Unterschied zwischen dem Ewigen, Unvergänglichen und dem Zeitlichen, Vergänglichen in seinem Wesen aufmerksam werden.

Diese Zweiheit der Menschennatur ist von allen großen Philosophen und Dichtern anerkannt und beschrieben worden. Bekannt sind die Worte Goethes im Faust:

> Zwei Seelen wohnen, ach! in meiner Brust.
> Die eine will sich von der andern trennen.

Die eine dieser Seelen wohnt in dem Lichte der Erkenntnis der Wahrheit, die andere im Wiederscheine der Vernunft, im Reiche der Begierde, der selbstsüchtigen Spekulation und Theorien. Die eine strebt nach der Erkenntnis der ewigen Wahrheit, die nur eine einzige und nicht zusammengesetzter Natur ist; die andere hängt an der Vielwisserei. Die eine hat nur einen einzigen Gott, ein einziges unendliches Ideal; die andere hat vielerlei beschränkte Ideale und Abgötter. Die eine ist leicht zu erkennen, sobald einmal der Wille zu ihrer Erkenntnis vorhanden ist; die andere wird niemals erkannt, weil sie nicht beständig ist. Ein Dichter der Neuzeit äußert sich darüber in folgenden Worten:

> „In jedem Menschen wohnen zwei Naturen,
> Die eine ist ein Kind des Tageslichts,
> Sie zeigt allüberall der Sonne Spuren,
> Da ist nichts dunkel und verschleiert nichts.

Die magst du bis ins Innerste durchschauen,
Du nimmst nichts Fremdes, nimmst kein Rätsel wahr,
Da herrschen Einsicht, Klarheit und Vertrauen,
Sie ist kristallhell, einfach, sonnenklar.

Die andre ist wie aus der Nacht entstanden,
Du kennst sie nicht und niemand misst sie aus;
An ihr wird Prüfung und Verstand zu schanden,
Sie ist ein fremder Gast im eignen Haus.
Ungreifbar wirft sie in die Wirklichkeiten
Ihr flackerndes und irres Schattenspiel,
Wie Träume, die den lichten Tag durchgleiten,
Verwirrt die Fäden und verhext das Ziel."

Alle persönlichen Neigungen, Begierden und Träume, alles dem Egoismus entspringende Wollen und Denken gehört dem Erdenmenschen, alles selbstlose Wollen, Denken und Tun dem Geistmenschen an. Die Eigenschaften, Tugenden und Laster, welche dem irdischen Menschen angehören, finden sich auch in den Tieren; wenn sie auch im Menschen infolge seiner höheren Organisation sich auf eine andere Art offenbaren. Gattenliebe, Elternliebe, Kinderliebe, Mut, Anhänglichkeit, Treue, Freundschaft, Stolz, Neid, List, Klugheit, Verstand, Geschicklichkeit usw. gehören nicht bloß den Menschen, sondern auch den Tieren an, ja der Mensch wird darin von den Tieren sogar oft noch übertroffen. Der Fisch übertrifft ihn im Schwimmen, der Vogel im Fliegen, die Ameisen und Bienen im Staatshaushalte, der Hund im Rennen, der Affe im Klettern, der Stier an physischer Kraft usw. Dass manches Pferd mehr Vernunft besitzt als der Kutscher, welcher es leitet, lehrt uns die tägliche Erfahrung, auch steht das gepeinigte Schwein auf dem Seziertische moralisch viel höher als der Vivisektor, welcher es martert, um seine wissenschaftliche Neugierde zu befriedigen.
Alle menschliche Wissenschaft bezieht sich nur auf die Erscheinungswelt und gehört dem Reiche der Erscheinungen und dem vergänglichen Scheinmenschen an. Alle seine sogenannten intellektuellen Errungenschaften sind nur materieller, aber nicht geistiger Natur, dem geistigen Menschen gehört das, was er selber ist und was er in sich selber erkennt. Wenn der Geist des Menschen den Körper verlässt, so bleiben dennoch die Wahnvorstellungen und Traumbilder, welche der Mensch auf Erden besaß,

oder von denen er besessen war, im Astrallichte zurück, und können sich in der Seele eines Mediums abspiegeln und zum Ausdruck gelangen. Deshalb finden wir, dass ein Mensch, der von verkehrten Meinungen befangen ist, dadurch, dass er stirbt, nicht weiser oder verständiger geworden zu sein scheint, wenn sein Elementarwesen durch ein Medium eine Mitteilung macht. Der tierische Instinkt, die Zuneigung z. B., welche eine Mutter für ihr Kind fühlt (und welche sie mit den Tieren gemein hat), gehört ihren Elementarbestandteilen an, und mag in einer spiritistischen Sitzung in der gewohnten Weise ihren Ausdruck finden. Der wahre Geist dieser Mutter weiß nichts davon. Hat er sich einmal vom Irdischen losgetrennt, so ist er auch über alles Irdische erhaben; wird nicht mehr davon angezogen und weiß deshalb nichts mehr davon, was auf der Erde vor sich geht. Wäre dies nicht der Fall, so könnte die Betrachtung der Vorgänge auf Erden selbst den Himmel zur Hölle machen; es gäbe da auch in Gott keine Ruhe mehr.

Wer diesen göttlichen Geist kennen lernen will, der wird ihn vergebens in Büchern, in Kirchen oder Hörsälen, in äußeren Beobachtungen oder in philosophischen Spekulationen suchen; er muss, um ihn zu finden, allem eigenen Wollen und Wissen entsagen und – nicht die Elementargeister –, wohl aber den Geist der göttlichen Selbsterkenntnis in sich entfalten und zur lebendigen Kraft werden lassen.

Adepten.

Ein Adept ist ein Mensch, sei er nun in einem physischen Körper auf Erden wandelnd, oder ohne diese materielle Bekleidung, dessen Persönlichkeit von diesem Lichte der göttlichen Selbsterkenntnis durchdrungen ist; mit anderen Worten, der sich ganz seinen göttlichen Wesen adaptiert, oder, wie man gewöhnlich sich ausdrückt, sich in seinem Gott ergeben hat; ein Mensch, in welchem das göttliche Ich, die reine Vernunft will, denkt, wahrnimmt, spricht und handelt.

Um ein Adept zu werden, dazu braucht man auf keine hohe Schule zu gehen; Gott bedarf nicht der menschlichen Meinungen. Was sollte sich derjenige um wissenschaftliche Theorien und Hypothesen bekümmern, der alles durch eigene Anschauung kennt, alles hat und selbst alles ist? Ob es aber heutzutage solche wirkliche Adepten gibt, dies ist eine müßige Frage; müsste man doch selbst ein Adept sein, um erkennen zu können, ob ein anderer Mensch ein Adept ist. Ein Adept ist ein Meister in der Selbsterkenntnis, und in welchem Grade ein Mensch Selbsterkenntnis besitzt, darüber kann niemand entscheiden als Gott, das eigene göttliche Selbst. Auch kann sich niemand selbst zum Adepten machen; er kann nur das eigene Selbst gänzlich aufgeben und selbstlos zum Heile des Ganzen tätig sein. Dadurch wird er ein Werkzeug Gottes und Gott wird in ihm zur lebendigen Kraft. Nur so kann ein Mensch zum Adepten werden, indem der Adept in ihm geboren wird. In dieser geistigen Wiedergeburt ist der geistige Mensch der Kern, die Persönlichkeit, die Hülle und Nahrung, welche verzehrt wird, indem sich die Lotusblüte der Weisheit in der Seele entfaltet.

Da ein Adept ein zu völligem geistigen Selbstbewusstsein erwachter Mensch ist, so ist er auch von dem Vorhandensein seines Körpers unabhängig und kann ohne denselben selbstbewusst leben, wollen, denken und handeln; Zeit und Raum existieren für ihn nicht mehr; er kann seine Seele, so wie der Mensch seine Gedanken, hinversetzen wo er will, und wohin er sich so versetzt, da ist auch sein Bewusstsein und seine Wahrnehmungsfähigkeit, und er unterrichtet seine Schüler dadurch, dass er ihre Gedanken mit den Lichtstrahlen seines Geistes inspiriert. Ein Adept, der seinen irdischen Körper verlassen hat, aber dennoch in der Erdatmosphäre weilt, um der Menschheit zu helfen, wird im Indischen ein Nirmanakaya genannt.

Ein solcher von der göttlichen Weisheit durchdrungener Mensch wird durch diese Durchdringung selber ein Gott, indem das göttliche Wesen zu seinem eigenen Wesen, das Logos in ihm Fleisch (Manas) wird. Solche Adepten existieren auch noch heutzutage in Tibet, und solche sind es, die zur Gründung jener Weltvereinigung, welche man die Theosophische Gesellschaft nennt, Anlass gegeben haben und mit ihr gewisse Beziehungen unterhalten.

Ein Adept ist somit ein Mensch, der sich durch die ihm innewohnende Kraft Gottes zu Gott emporgeschwungen hat, dessen irdischer Teil (Kama-Manas) im Göttlichen (Atma-Buddhi-Manas) aufgegangen ist. Im Gegensatze zu diesen gibt es andere Wesen, welche das göttliche Licht zu sich herabgezogen, es erniedrigt und prostituiert haben. Die Adepten werden Söhne des Lichtes, die entgegengesetzte Klasse Brüder des Schattens genannt.

Die Brüder des Schattens.

In Bezug auf diese sagt H. P. Blavatsky folgendes: „Die Welt wird durch dasselbe Gesetz des Gleichgewichts und der Harmonie erhalten, auf welchem es aufgebaut ist. Die zentripetale Kraft hätte ohne die zentrifugale nicht in den harmonischen Umdrehungen der Himmelskörper offenbar werden können. Alle Formen sind die Produkte dieser zweifachen Kraft in der Natur. Um uns ein Bild von der Sache zu machen, wollen wir Geist als die zentrifugale und die Seele als die zentripetale geistige Energie betrachten. Sind beide in vollkommener Harmonie, so bringen beide nur ein einziges Resultat hervor, wird aber die zentripetale Bewegung der Seele nach dem Zentrum, welches sie anzieht (Gott), unterbrochen oder beschädigt, ihr Emporsteigen durch eine schwerere materielle Last, als sie zu tragen fähig ist, gehindert, so wird die Harmonie des Ganzen, welche ihr Leben war, zerstört. Das individuelle Leben (der Seele) kann nur erhalten werden, wenn es durch diese zweifache Kraft unterstützt wird. Die geringste Abweichung vom Gesetze der Harmonie schädigt es, und wird es einmal unwiderruflich zerstört, so trennen sich die beiden Kräfte und die Form (Individualität) geht nach und nach verloren. Nach dem Tode der Gottlosen und Verworfenen kommt der entscheidende Augenblick. Wenn während des Lebens die schließliche und verzweifelte Anstrengung des inneren Ichs, sich mit dem schwachleuchtenden Strahle seiner göttlichen Monade zu vereinigen, vernachlässigt wird, wenn dieser Strahl mehr und mehr in eine sich verdickende Kruste von Materie verhüllt wird, so folgt die Seele, wenn sie vom Leibe frei geworden ist, ihren irdischen Anziehungen, sie wird magnetisch in die materielle Atmosphäre von Kama -loka angezogen und dort festgehalten. Da sinkt sie tiefer und tiefer, bis sie endlich, wenn sie wieder zum Bewusstsein gelangt, sich in jenem Zustande erblickt, welchen die Alten Hades und wir Avitchi nennen. Die Vernichtung einer solchen Seele geht niemals plötzlich vor sich, sie kann vielleicht Jahrhunderte dauern, denn die Natur bewegt sich nicht in Sprüngen. Da die Astralseele der Persönlichkeit aus Elementen gebildet ist, hat das Gesetz der Evolution eine gewisse Zeit nötig, um zu wirken. Dann beginnt das schreckliche Werk der Vergeltung, das Yin-yuan der buddhistischen Initiaten.

Diese Klasse von Geistern wird erdgebundene Elementarwesen oder Erdgeister genannt und sind von den oben beschriebenen Geistern der Elemente zu unterscheiden. Es gibt aber noch eine andere und noch gefährlichere Klasse. Diese sind im Osten unter dem Namen der Brüder des Schattens bekannt. Sie sind lebende Menschen, welche von erdgebundenen Elementarwesen besessen sind; sie sind zeitweise deren Meister, fallen aber am Ende diesen schrecklichen Wesen zum Opfer. Wer denkt hier nicht an Faust, welchen der Sage gemäß am Ende seiner Laufbahn der Teufel, dem er sich verschrieben hatte, geholt hat. Etwas Wahres ist an der Geschichte, man muss es nur richtig erfassen.

In Sikkhim und Tibet werden diese Zauberer Dug-pas (Rotkappen) genannt, und sie sind zu unterscheiden von den Geluk-pas (Gelbkappen), zu welchen einige Jünger der weißen Magie gehören. Dies ist aber nicht so zu verstehen, als ob in ganz Bhutan und Sikkhim, wo die Religion der Bhons zu Hause ist, welche allgemein Dug-pas genannt werden, die ganze Bevölkerung von Teufeln besessen und Zauberer wären. Man findet unter diesem Volk ebenso gute Leute als anderswo; wir beziehen uns nur auf die Elite ihrer Lamaserien, auf einen inneren Kreis von Priestern, Teufelstänzern und Fetischanbetern, deren schauderhafte und geheimnisvolle Orgien und Zeremonien dem größten Teile der Bevölkerung unbekannt sind.

Es gibt somit zwei Klassen von Brüdern des Schattens; die lebendigen und die toten. Beide sind heimtückisch, schlau, rachsüchtig, und suchen stets ihr eigenes Leiden an der Menschheit zu rächen. So werden sie, bis sie schließlich die Vernichtung (ihrer Individualität) ereilt, zu Vampyren, Gespenstern, und zu den vorzüglichsten Mitwirkern in spiritistischen Sitzungen (wo sie unter den verschiedenartigsten Masken und unter angenommenen Namen erscheinen). Sie sind die Berühmtheiten auf der Bühne der sogenannten Geistermaterialisationen, und bringen diese Phänomene mit Hilfe der intelligenteren unter den natürlich geboreneren Elementarwesen hervor, die sich stets und gerne in der Sphäre der ersteren aufhalten. Henry Konrath, der bekannte deutsche Kabbalist, gibt in seinem jetzt selten gewordenen Werke „Amphitheatrum Sapientiae Aeternae" eine Zeichnung mit Darstellungen der vier Klassen dieser menschlichen Elementarwesen. Ist der Mensch einmal durch die Pforte der Initiation gegangen, (zur geistigen Selbsterkenntnis) durch die Wiedergeburt gelangt, hat er einmal den Schleier der Isis, dieser geheimnisvollen und eifersüchtigen Göttin gehoben, so hat er nichts mehr zu fürchten. Aber so lange ihm dies nicht gelungen ist, ist er in steter Gefahr.

Die Magier und Theurgen warnten stets vor der Beschwörung (Anrufung) der Seelen. Psellus sagt: „Rufe sie (die Seele) nicht, damit nicht, wenn sie dich wieder verlässt, etwas (Unreines) an ihr hängen bleibt"; und in Bezug auf die Elementarwesen sagt er: „Du sollst sie nicht sehen, ehe dein Körper initiiert worden ist; denn sie locken und verführen die Seelen der

Uneingeweihten." Die Gründe, welche gegen diesen Umgang mit den Verstorbenen angegeben werden, sind folgende;

1. Jamblichus sagt: „Es ist äußerst schwer, einen guten Dämonen von einem bösen zu unterscheiden."
2. Wenn es der Larve eines guten Menschen gelingt, die Dichtigkeit der Erdatmosphäre, welche ihr stets drückend und zuwider ist, zu durchdringen, so findet sie eine andere Gefahr, die sie nicht vermeiden kann. Die Seele kann sich nämlich der materiellen Welt nicht nähern, ohne etwas Unreines anzuziehen. Sie befleckt dadurch ihre Reinheit, und hat dann dafür zu leiden. Der wahre Theurgist wird es vermeiden, einem Bewohner der höheren Sphären mehr leiden zu machen, als es zum Heile der Menschheit unumgänglich nötig ist. Nur diejenigen, welche der schwarzen Magie verfallen sind, wie z. B. die Dugpas von Bhutan und Sikkhim, erzwingen durch kräftige Beschwörungen und Nekromantik die unreinen Seelen von Bösewichtern, welche bereit sind, sie in ihren selbstsüchtigen Plänen zu unterstützen.

Etwas ganz anderes ist der Verkehr mit dem Augoides (dem geistigen Selbst) vermittelst der mediumistischen Kräfte subjektiv tätiger Medien (Inspiration und Trance), wovon an einer andern Stelle die Rede sein wird.

Um nicht missverstanden zu werden, ist es nötig hier zu bemerken, dass ein Verkehr mit dem eigenen geistigen Selbst nicht nur keine Unmöglichkeit, sondern sogar dringend geboten ist. Ebenso ist ein Verkehr mit Verstorbenen, oder vielmehr mit Sterbenden möglich. Solange die Seele nicht von dem Leibe geschieden ist (und dies geschieht oft lange, nachdem der Tod anscheinend schon eingetreten ist), kann die Sehnsucht oder der Gedanke des Scheidenden einen entfernten Freund beeinflussen, er kann ihm unter Umständen seine Gegenwart offenbaren, sich ihm in einem Traum oder einer Vision zeigen, ja sogar objektiv sichtbar werden. Kein wahrer echter Menschengeist eines Verstorbenen kann sich aber materialisieren oder die bekannten physischen Manifestationen (Tischrücken u. dergl.) hervorbringen. Dies geschieht durch Elementarwesen, welche es lieben, die Abergläubischen zum Besten zu halten.

Diese Elementarwesen und Teufel suchen von den Körpern von Tölpeln und Idioten Besitz zu ergreifen, und wenn es ihnen gelingt, so bleiben sie dort; bis sie durch einen mächtigen und reinen Willen vertrieben werden. (Die Erklärung dafür ist, dass sie selbst Formen von Wille und Vorstellung sind). Jesus und Apollonius und andere besaßen die Kraft, die Atmosphäre innerhalb und außerhalb des Besessenen so zu reinigen, dass die bösen Geister weichen mussten. Gewisse Chemikalien und Räucherungen sind besonders unangenehm für diese Elementarwesen (die ja selbst halbmaterieller Natur sind). Dies war schon Zoroaster bekannt, und der berühmte Elektriker Mr. Cromwell F. Varley, hat in dieser Richtung erfolgreiche Versuche durch die Anwendung von Dämpfen von salpetriger Säure gemacht. Die Inder, Chinesen, Afrikaner und andere Völker benützen hierzu verschiedenartige Kräuter. (Dass die Dummheit darüber lacht, ist nicht zu verwundern; die Dummheit spottet über alles, nur nicht über sich selbst.) Reine, oder auch solche Menschengeister, die nicht geradezu bösartig sind, haben dabei nichts zu fürchten; denn da sie von irdischer Materie frei geworden sind, so können irdische Substanzen auf sie keinen Einfluss ausüben. Solche Geister sind wie ein Hauch. Anders verhalten sich die (halbmateriellen) erdgebundenen Elementarwesen und die Geister der vier Elemente in der Natur.

Für solche fleischlichen erdgebundenen Larven, verkommene menschliche Geister, erhofften die alten Kabbalisten eine Reinkarnation. Aber wann und wie? In einem hierzu geeigneten Augenblicke, unter Mithilfe einer aufrichtigen Begierde zu seiner Besserung und Bekehrung von Seiten einer willensstarken, mit ihm sympathisierenden Person, oder auch vermittelst einer Begierde, die aus dem verkommenen Geiste selber entspringt, vorausgesetzt, dass dieselbe stark genug ist, um ihn zu befähigen, die sündhafte Materie, mit der er belastet ist, abzuwerfen. Er verliert dann alles Bewusstsein; die ehedem klare und glänzende Monade wird wieder im Wirbel der irdischen Evolution gefangen, muss wieder durch die unteren Naturreiche wandern und atmet schließlich wieder als ein menschliches Kind. Die Zeit auszurechnen, welche hierzu nötig ist, ist eine Unmöglichkeit und ein solches Bemühen wäre sehr überflüssig, da es in der Ewigkeit kein Zeitmaß gibt.

Porphyrius sagt in Bezug auf diese Elementarwesen: „Diese unsichtbaren Wesen wurden von Menschen als Götter verehrt. Man glaubt allgemein, dass sie sehr bösartig werden können, und der Beweis davon ist, dass ihr Zorn sich gegen diejenigen entflammt, welche ihnen nicht die Verehrung darbringen, zu welcher sie sich berechtigt glauben."

Homer sagt darüber folgendes: „Unsere Götter erscheinen uns, wenn wir ihnen Opfer bringen. Sie setzen sich zu unserer Tafel und nehmen an dem Festgelage teil. Wenn sie einem einsamen Wanderer auf seinem Wege begegnen, so dienen sie ihm als Führer und offenbaren sich ihm. Unsere Frömmigkeit bringt uns denselben nahe, ebenso wie Verbrechen und Blutvergießen die Zyklopen und das wilde Geschlecht der Riesen vereinigt."

Hieraus geht hervor, dass diese Götter freundliche und wohlwollende Dämonen waren, aber keine Teufel, seien sie nun entkörperte Geister oder Elementarwesen.

Ferner sagt Porphyrius, der ein Schüler von Plotinus war: „Die Dämonen sind unsichtbar, aber sie verstehen es, sich mit Materie zu bekleiden und Formen und Gestalten verschiedener Art anzunehmen. Dies ist daraus zu erklären, dass sie in ihrer Natur viel Stoffliches haben. Ihr Aufenthaltsort ist in der Nähe der Erde, und wenn sie der Oberaufsicht der guten Dämonen entwischen können, so gibt es keine Untat, die sie sich nicht zu begehen wagen. Mitunter wenden sie Gewalt, mitunter Schlauheit an."

Ferner sagt er: „Es ist ein Kinderspiel für diese Dämonen, in uns schlechte Leidenschaften zu erregen, die menschliche Gesellschaft und ganze Nationen mit aufwühlerischen Ideen zu erfüllen, welche Krieg, Revolution und anderes Unglück verursachen, und uns glauben zu machen, dass dies das Werk der Götter sei. Diese Geister vertreiben sich die Zeit damit, die Sterblichen zu belügen und zu betrügen; sie machen ihnen Täuschungen und Wunder vor. Ihr Hauptbestreben besteht darin, glauben zu machen, dass sie Götter oder die Seelen Verstorbener seien."

Jamblichus, ein Neuplatonist und Magier, lehrt folgendes: „Gute Dämonen erscheinen uns in Wirklichkeit; böse können sich uns nur in der Gestalt von schattenhaften Phantomen offenbaren. Die guten fürchten das Licht nicht, die bösen haben Dunkelheit nötig. Die Empfindungen, welche sie in uns erregen, machen uns an das Dasein und die Wirklichkeit von Dingen, welche sie uns zeigen, glauben, obgleich dieselben nicht vorhanden sind."

Auch die besten und erfahrensten Theurgen fanden es mitunter gefährlich, sich mit den Elementarwesen abzugeben, und Jamblichus sagt darüber: „Die Götter, Engel und Dämonen, wie auch die Seelen können durch Anrufungen und Gebete uns nahegebracht werden. Wird aber dabei ein Versehen gemacht, so kann es euch übel ergehen. Glaubet nicht, dass ihr es mit wohlwollenden Gottheiten zu tun habt, welche durch euer ernstes Gebet berufen zu euch kommen; sie sind nur böse Dämonen in der Maske von guten, denn die Elementarwesen bekleiden sich oft mit einem den guten ähnlichen Aussehen und stellen eine viel höhere Rangklasse vor, als ihnen gebührt. Sie verraten sich in der Regel durch ihre Prahlerei."

Zu allen Zeiten war es unter den Theumaturgen die Regel, dass derjenige, welcher sich mit dem Verkehr mit Geistern befassen will, reines Herzens sein und die Bedingungen kennen muss, unter denen das vollkommene Gleichgewicht zwischen den vier Elementen hergestellt und erhalten bleibt. Vor allem musste er die darauf bezüglichen Vorschriften genau kennen. Er musste die geistige Atmosphäre innerhalb des Zirkels, in welchem er reine Geister anziehen wollte, reinigen und die Elemente ins Gleichgewicht bringen, um den Eintritt der Geister der vier Elemente in ihre betreffenden Sphären zu verhindern. Wehe demjenigen, der da etwas unternimmt, was er nicht versteht. Bei jedem Schritte bedrohen ihn Gefahren. Er ruft Kräfte ins Dasein, die er nicht beherrschen kann; er erweckt die Hüter der Schwelle, welche nur ihrem Herrn den Durchgang gestatten."

Ein gewisser, unsterblich gewordener Alchemist sagt: „Wenn du einmal beschlossen hast, ein Mitarbeiter im Geiste des lebendigen Gottes zu werden, so sieh zu, dass du ihn in seinem Werke nicht hinderst; denn wenn deine Wärme das natürliche Verhältnis übersteigt, so wirst du die feuchten Naturen aufregen; sie werden sich gegen das Zentralfeuer wenden und das Zentralfeuer gegen sie, und es wird eine schreckliche Teilung im Chaos eintreten."

Alles das obige wird, wenn auch in einer verunstalteten Form, in verschiedenen Religionssystemen gelehrt, obgleich in unseren aufgeklärten Zeiten kaum irgend ein Prediger es wagen dürfte, diesen Gegenstand zu berühren, wollte er sich nicht dem Gelächter der Aufgeklärten, die von alledem nichts verstehen, aussetzen. Die Geister, von denen die Philosophen des Altertums sprechen, sind nicht tot und nicht verreist, sie sind noch immer vorhanden. Die moderne Weltweisheit hat nicht dem Geisterreiche ein Ende gemacht, sondern sie hat nur die geistige Erkenntnisfähigkeit herabgeschraubt, wo nicht vernichtet. Die Dämonen sitzen auch heute noch an unseren Tischen, aber wir können sie nicht mehr sehen, weil wir selber zu sehr materiell und ungeistig geworden sind, und weil wir sie nicht sehen können, bilden wir uns in unserem Eigendünkel ein, dass es keine anderen Wesen als die uns körperlich sichtbaren gäbe.

Trotz unseres Unglaubens spazieren aber diese Geister in uns selbst ein und aus, rufen in uns diese oder jene Gemütsbewegungen ins Leben, verursachen die Entstehung von Leidenschaften aller Art, überwältigen unsere Vernunft, beeinflussen unser Wollen und Denken, und wir können unseren Feinden umso weniger gegenübertreten, je mehr wir vor ihnen die Augen verschließen. Um je weniger der Mensch sich selber und seine

Natur erkennt, um so weniger kann er sich selbst beherrschen. So nimmt die moralische Verkommenheit in Europa täglich mehr überhand, unsichtbare Einflüsse beherrschen die Gemüter der Menschen und führen sie ins Verderben. Sie verleiten zu Verbrechen, vor welchen die Weltverbesserer ratlos und hilflos dastehen; die geistlose Wissenschaft aber tappt wie ein Blinder im Dunkeln herum und findet nicht das, was sie sucht, weil sie die Ursachen solcher Erscheinungen immer nur dort sucht, wo sie nicht sind.

Was ist die Ursache dieser geistigen Verdummung und Kurzsichtigkeit, als die durch die Vielheit bedingte Oberflächlichkeit, welche uns hindert, die Einheit des Ganzen im Innern der Dinge zu sehen. „Je mehr sich das äußere Auge öffnet, um so mehr schließt sich das innere Auge," sagt die Bhagavad Gita. Je mehr sich der Geist nach Außen und an der Oberfläche bewegt, um so weniger blickt sein Auge nach Innen, um so weniger erkennt er sich selbst, sein wahres Wesen in der Tiefe seiner Natur. Wenn unser jetziges Zeitalter ein Zeitalter der Aufklärung genannt zu werden verdient, so ist es ein solches nur in einer ganz materiellen Richtung, dagegen aber eine Periode des Schlafes in Bezug auf die Erkenntnis der Wahrheit, und ohne diese geistige Erkenntnis wird auch die wahre Bedeutung der materiellen Vorgänge in unserer Erscheinungswelt nicht erkannt. „Zu dieser Selbsterkenntnis aber gelangen" – so heißt es in den Upanischaden – „nur diejenigen, welche den Ewigen erkennen, die einsame fleckenlose Wahrheit, die über alle Täuschung erhaben ist. Sie erlangen diese Erkenntnis durch ausdauerndes Bestreben, nicht aber durch flatterhaftes Studieren und Vielwisserei."

Es ist im Innern gerade so wie im Äußern. Es ist heutzutage Mode geworden, alljährlich vermittelst Eisenbahn und Dampfschiff einen großen Teil der Welt zu durchjagen, um sich Erholung und Zerstreuung zu verschaffen und die Welt kennen zu lernen. Hierdurch erlangt man eine Menge von oberflächlichen Eindrücken, die schnell wieder vergessen sind, lernt aber nichts gründlich kennen und das Vergnügen dabei ist in der Regel derartig, dass man froh ist, wieder nach Hause zu kommen. Desgleichen ist die Erziehung heutzutage darauf gerichtet, möglichst viel Dinge oberflächlich kennen zu lernen, eine Menge von Büchern zu durchblättern, aber in keinem Gegenstande in die Tiefe zu dringen und keiner findet die himmlische Ruhe, in welcher die Wahrheitserkenntnis und diese wahre Seligkeit thront. Widmet sich aber einmal einer einer Spezialität, so verliert er sich in der Regel in den Kleinlichkeiten der Oberfläche, weil er die

Einheit des Ganzen nicht kennt. Er gleicht einem Mineralogen, der am Abhange eines Berges im Schweiße seines Angesichts taubes Gestein zerklopft; aber von den goldführenden Adern im Innern und den erfrischenden Strömen, die in der Tiefe rauschen, weiß er nichts und spottet des erfahrenen Bergmannes, der ihm davon spricht.

Wer die Geister kennen lernen will, die sich im Weltall bewegen, der sollte vor allem den Geist kennen lernen, der das ganze Weltall bewegt und aus dem alle Geister entspringen. Dies ist das Endziel aller wahren Religion und die Grundlage der wirklichen Wissenschaft. Diese Erkenntnis wird Theosophie oder Gotteserkenntnis genannt. Sie ist die Erkenntnis desjenigen, welcher in allen Dingen die Grundursache ihres Daseins und deshalb auch unser eigenes wahres innerstes Selbst ist, nicht desjenigen Selbsts, welches eine vorübergehende Erscheinung, vergänglich und sterblich ist, sondern des göttlichen Selbsts, welches ohne irgend welche Beschränkung in grenzenloser Liebe das Ganze umfasst, durchdringt und erhält.

Gott kennen zu lernen ist aber keinem Menschen beschieden, weil er alles in allem und in allem das Höchste ist. Gott allein kann sich selber erkennen, und um sich selbst als Gott zu erkennen, müsste der Mensch selbst zu Gott werden und somit aufhören ein Mensch zu sein, d. h. er müsste aus sich selber heraustreten, alle Beschränktheit aufgeben, selbst das Ewige, Unendliche werden und sich als solches erkennen. Kein Mensch kann zur Spitze einer Leiter gelangen, ohne die Zwischenstufen zu ersteigen, und desgleichen muss der Mensch erst die höheren Daseinsstufen erreichen, ehe er zur höchsten gelangen kann. Deshalb muss der nach Wahrheit suchende erst seinen eigenen inneren **Führer** kennen lernen und mit ihm Eins werden, ehe er durch diesen **Führer**, der allein der Anschauung Gottes fähig ist, zur göttlichen Selbsterkenntnis gelangen kann. Dies ist das große Geheimnis. Es ist das leuchtende Selbst, ein göttlicher Strahl jenes Ichs, dessen Schatten die menschliche Persönlichkeit ist. Die Betrachtung des höheren Selbsts und der Beziehungen, welche es während seiner Inkarnationen sowohl als auch in den Zwischenpausen derselben zu der Persönlichkeit des Menschen hat, gehört nicht in einen Artikel über Elementarwesen und behalten wir uns eine Besprechung dieses Gegenstandes in einem besonderen Abschnitte vor.

Über den Verkehr mit der Geisterwelt

1. Theorie und Erfahrung.

„Vergiss nicht, o Mensch,
dass deine Seele Flügel hat."

Die Gesetze, deren Wirkungen wir in der äußeren sichtbaren Natur wahrnehmen, haben ihren Ursprung im Geistigen und bringen in der Natur analoge Wirkungen hervor. So wie ein Pendel, welches seine Schwingungen nach der einen Richtung vollendet hat, wieder auf die andere Seite zurückschwingt, bis es endlich im Mittelpunkte zur Ruhe kommt, so schwingt auch die Menschheit zwischen Unglauben und Aberglauben hin und her und wird nicht eher zur Ruhe kommen, bis sie zur Selbsterkenntnis des Wahren gekommen ist. Auf den krassen Aberglauben des Mittelalters mit seinen Hexenprozessen und Scheiterhaufen folgte eine Periode des alles leugnenden blinden Materialismus, und als dieser seinen Höhepunkt erreicht hatte, ergoss sich der Spiritismus, in gewisser Hinsicht eine moralische Seuche verbreitend, über die Erde. Derselbe arbeitete sich zum Range einer Wissenschaft empor, bei der es aber noch immer an der Grundlage alles wahren Wissens fehlt, nämlich an der Erkenntnis der Ursachen, auf denen die spiritistischen Phänomene, insofern sie echt sind, beruhen, und solange man diese Ursachen nicht direkt erkennt, wird man auch trotz aller auf äußerlicher Beobachtung dieser Erscheinungen gegründeten Schlussfolgerungen über das Wesen derselben keine volle Gewissheit erlangen, sondern beständig im Zweifel sein.

Wir sprechen dem Spiritismus seine Berechtigung nicht ab. Derselbe ist eine Naturwissenschaft, geeignet für diejenigen, welche die zu seinem Studium nötigen Vorkenntnisse und Erfahrungen besitzen, aber für den Unerfahrenen birgt derselbe große Gefahren in sich, wie zahllose Beispiele von dadurch verkommenen Menschen, willensschwachen Medien, Verbrechern und Besessenen beweisen. Wenn ein Mensch, der Chemie studiert hat und die Eigenschaften der Stoffe, um die es sich dabei handelt, kennt, in seinem Laboratorium Experimente macht, so läuft er wenig Gefahr, aber wenn ein Unwissender aufs Geratewohl mit Explosivstoffen hantiert, so kann dadurch für ihn selbst und für andere ein großer Schaden entstehen. Ähnlich verhält es sich mit den spiritistischen Experimenten. Wer die dabei in Frage kommenden Einflüsse kennt und sie zu beherrschen versteht, wird wissen, wie er zu handeln hat, vorausgesetzt, dass er es überhaupt der Mühe für wert hält, sich damit abzugeben; aber dem unwissenden Pfuscher in diesen Dingen drohen ungleich größere Gefahren, als dem Pfuscher in der Chemie; denn während bei dem letzteren nur das materielle Leben auf dem Spiele steht, droht dem ersteren der Verlust seiner Vernunft und seines freien Willens oder auch das noch schlimmere Verhängnis der schwarzen Magie; denn die bestialischen und teuflischen Einflüsse der Astralregion stehen dem Alltagsmenschen viel näher, als die Bewohner des Himmels, und wer sich ihnen naht, ohne sie beherrschen zu können, der wird am Ende von ihnen beherrscht. Die Geister, die er gerufen hat, wird er dann nicht mehr los.

Wohl ist der Mensch als Herr der Schöpfung dazu bestimmt, die ganze Schöpfung mit allen ihren Daseinsebenen kennen zu lernen, aber er sollte bei seinen Ausflügen in das Reich des Unsichtbaren die Kraft besitzen, sich selbst zu beherrschen und sich keinen ihm unbekannten Einflüssen hingeben, noch sich von solchen in Besitz nehmen lassen, selbst wenn solche Geister in der Maske von Engeln erscheinen und sich ihm mit salbungsvollen Redensarten nähern, die ja am Ende auch jeder Komödiant vorbringen kann. Die uns zunächstliegende Region der übersinnlichen Welt ist das Reich der Träume und Phantasie, des Selbstbetrugs und der Lüge und wird am meisten von Träumern, Phantasten und Lügnern besucht, die dort seitens der ihnen gleichgestellten Wesen ein willkommenes Entgegenkommen finden. So wie die Sonne unverrückt am Firmament leuchtet und ihre Strahlen selbst in die tiefsten Abgründe der Erde sendet, ohne davon bewegt zu werden, so sollte auch der Mensch fest in der Weisheit stehen, während sich seine geistigen Wahrnehmungskräfte in die höchsten Höhen und tiefsten Tiefen erstrecken, um die Geheimnisse Gottes in der Natur zu ergründen.

Nur wer seinen eigenen Geist erkennt und beherrscht, kann andere Geister erkennen und beherrschen. Selbsterkenntnis und Selbstbeherrschung gehen da Hand in Hand; sie bedingen sich gegenseitig, und die eine geht aus der anderen hervor. Nur wer selbst den Gipfel erklimmt, kann die reine Höhenluft atmen und die Fernsicht genießen. Je höher er hinaufsteigt und oben festen Fuß fasst, um so mehr ist er dort zu Hause und beherrscht das, was unter ihm liegt, aber wer im Getümmel der Menge ist, der ist selbst ein Teil dieser Menge und wird durch diese bedrückt. Dem Freien allein gehört der freie Blick, im Geistigen sowohl als im Materiellen, aber die meisten Menschen sind durch ihre selbstsüchtigen Begierden gebunden und deshalb nicht frei.

Ein altes Sprichwort sagt: „Die Extreme berühren sich." – Den kleinlichsten, engherzigsten Egoismus und die ausschweifendste religiöse Schwärmerei findet man häufig beisammen. Die größte Lasterhaftigkeit und Habsucht trifft man oft bei denjenigen an, die sich in ihrer Phantasie viel mit überirdischen Dingen beschäftigen. Aus krankhaften Zuständen der Seele gehen krankhafte Geistesrichtungen und Auswüchse hervor. Das böse Gewissen und die Todesfurcht treiben viele einem ungesunden Mystizismus in die Arme. Moralisch verkommene, von ihren Leidenschaften gepeinigte Menschen suchen bei den Geistern, von denen sie geäfft werden, ihr Heil und fallen dem Bösen anheim. Das Unnatürliche und das übernatürliche sind nahe beisammen. Wer seiner wahren Menschennatur untreu geworden ist und dasjenige sucht, was über seiner Natur liegt, fällt leicht in das Widernatürliche. Er gleicht einem blinden Vogel, der bald über, bald unter dem Nest herumfliegt und zuletzt ermüdet in einen Abgrund stürzt. Wer den festen Felsen des geistigen Glaubens verlässt, der findet keinen Ruhepunkt in sich selbst. Solche Menschen suchen nach Trost in äußerlichen Dingen, wenden sich an die Geister und werden von diesen genarrt. Alle äußerlichen Tröstungen sind nur Betäubungsmittel; sie rauben vielleicht momentan die Empfindung, heilen aber die Krankheit nicht, sondern lassen vielmehr eine vermehrte Schwäche zurück.

Viele werden durch die Sucht nach Befriedigung ihrer Neugierde in das dunkle Labyrinth des Spiritismus und Okkultismus getrieben und finden sich nicht wieder heraus, weil ihnen in dieser Welt der Träume und Täuschungen der Stern der Wahrheit nicht leuchtet. Sie suchen die Geheimnisse Gottes mit dem dunklen, erdgeborenen Menschenverstande zu beleuchten und vergessen, dass nur der Geist Gottes im Menschen die Tiefen der Gottheit erforschen kann. Es gibt keine Erkenntnis der Wahrheit ohne den Geist der Wahrheit, den heiligen Geist, welcher der Geist der Selbsterkenntnis des Wahren und frei von aller Gier und Eitelkeit ist. Ein Tagelöhner, der, ohne an sich selber zu denken, aus Liebe zu seiner Aufgabe seine Pflichten erfüllt, steht der wahren Erkenntnis näher, als ein vom Größenwahn erfüllter Philosoph, dem es nur um Bereicherung seines Wissenskrams zu tun ist, oder darum, sich Ansehen zu verschaffen. So lange nicht der heilige Geist der selbstlosen Liebe und Weisheit in unserem Herzen lebendig wird und unseren Verstand erleuchtet, können wir uns nicht in die höheren Regionen der geistigen Welt erheben, wo reine Geister wohnen, während in der Unterwelt nur unreine Wesen in der Nacht des

Irrtums hausen.

Viele betreiben das, was sie Religion nennen, als Sport oder Zeitvertreib und gelangen deshalb nicht zur wahren Erkenntnis; denn die Weisheit will Alleinherseherin im Herzen des Menschen sein. Die Sophisten, Schacherer und Pharisäer müssen aus dem Heiligtume der Seele verschwinden, damit das Licht der Wahrheit darin aufgehen kann. Es steht geschrieben, dass ein Kamel eher durch ein Nadelöhr gehen, als ein Reicher in das Reich Gottes kommen kann. „Wo das Aas liegt, da sammeln sich die Geier." Wo die Begierden den Menschen hinziehen, da wohnt sein Herz. Dasjenige, an dem er hängt, ist es, an das er gebunden ist. Wer die geistigen Höhen ersteigen und Bekanntschaft mit den Bewohnern derselben machen will, der muss sich der Lasten entledigen, die ihn daran hindern, und die Ketten abstreifen, die ihn an das Niedere fesseln. Wenig wird es uns nützen, gelehrt über himmlische Dinge zureden, so lange wir uns nicht aus dem Sumpfe des Materiellen und Sinnlichen erheben, in den wir versunken sind. Unsere Theorien werden uns nach dem Tode nicht viel helfen. Jetzt, so lange es Tag ist und wir im Besitze des Lebens sind, gibt uns das Leben die zu unserer Erhebung nötige Kraft.

Diese Erhebung aber besteht nicht in einem dünkelhaften Wesen, wodurch sich ein eingebildeter Übermensch über andere Menschen stellt, sondern in einem Emporwachsen über die Eigenliebe und den Eigenwahn mit seinen Selbstinteressen, wobei der Mensch den sicheren Boden seiner materiellen Pflichten nicht verlässt. Die Eiche wurzelt im Boden und zieht aus ihm ihre Kraft. Dadurch wächst sie empor und breitet ihre Zweige dem Himmel entgegen, aber der Schwärmer, der sein Heil über den Wolken oder im Jenseits sucht, führt ein Traumleben; er verliert den festen Boden unter seinen Füßen und damit auch seine Kraft. Aus dieser Klasse rekrutieren sich eine Menge von jenen Spiritisten, welche im Narrenparadiese ihrer Phantasie leben und sterben die, nachdem sie in sich selbst den festen Boden unter ihren Füßen verloren haben, im Geisterreiche eine Stütze zu finden glauben und sich an jeden Strohhalm anklammern, den ihnen ein neckischer Kobold bietet. Nicht darin besteht der Fortschritt, dass ein Mensch das Materielle verlässt und im Idealen schwärmt, sondern darin, dass er im Materiellen sich selber findet, sich darin geistig entwickelt und das Ideale in sich selber zur Verwirklichung bringt.

Das erste Mittel hierzu ist die richtige Lehre aber sie hat ohne die Ausübung keinen praktischen Wert, ja sie kann sogar große Gefahren bringen, denn mit dem Wissen wächst auch die Verantwortlichkeit des

Menschen. Wenn er das Gute kennt und das Böse trotzdem nicht lassen will, so betritt er den Weg zur Hölle. Da heißt es dann nicht mehr: „Herr! vergib ihnen, denn sie wissen nicht, was sie tun", sondern das Böse, das der Mensch gesät hat, muss von ihm selbst eingeheimst werden. Auch ist mit dem Wissen allein nicht viel gedient. Das Wissen ohne die Liebe ist hohl. Der lieblose Verstand ist aus dem Materiellen geboren, gravitiert nach dem selben und zieht die Seele zum Materiellen hinab; die wahre Erkenntnis aber ist Gott, kommt von Gott und führt zu Gott zurück.

Die Lehren, welche durch H. P. Blavatsky uns überliefert worden sind, haben viele Irrtümer aufgeklärt und viele geistige Wahrheiten dem intellektuellen Verständnisse näher gebracht. Durch sie erhielten wir einen theoretischen Einblick in die verschiedenen Regionen der Geisterwelt mit ihren Bewohnern. Diese Lehren enthalten die großartigste Philosophie, welche jemals in die Welt gekommen ist, und die dazu geeignet ist, die Menschen aufzuklären und zu veredeln. Aber eine verfrühte Preisgabe von Geheimnissen, welche der Geheimlehre angehören, und welche nur für die Eingeweihten bestimmt waren, d. h. für die, welche die zu ihrem Begreifen nötige Reinheit und geistige Reife besitzen, hat manche Missverständnisse verursacht, und nicht nur dem Aberglauben, sondern auch der schwarzen Magie die Tore geöffnet. (Doch die Werke von Franz Bardon wurden neutral verfasst, dass so etwas nicht passieren kann! Der Hrsg.).

Wenn der Regen auf einen unbebauten Acker fällt, so sprießt nichts als Unkraut hervor. Das Licht der Wahrheit bringt niemandem Schaden wohl aber das Missverständnis derselben. Wie ein gekrümmter Spiegel ein Zerrbild hervorbringt, so erscheint auch die Wahrheit in einem verkehrten Gemüte verkehrt. Eine Arznei kann als Gift wirken, wenn sie unverständig angewandt wird. Es gibt viele Menschen, deren Streben darauf gerichtet ist, in den Besitz göttlicher Kräfte zu kommen, um sie niedrigen Zwecken dienstbar zu machen. Ein solches Unternehmen birgt in sich die größte Gefahr; denn wer, unfähig, sich zum Göttlichen zu erheben, dasselbe zu sich herunterzieht, entheiligt das Heilige und erniedrigt dadurch sich selbst. Wer sich magische Kräfte erwirbt und dieselben missbraucht, der weiht sich selbst dem Verderben.

Da der Mensch mit Geistern nur geistig verkehren kann, so ist hierzu seine Vergeistigung nötig, und der erste Schritt zu dieser ist die Reinigung, d. h. die Bewältigung aller bösen Neigungen und Begierden. Wie könnte ein Mensch Geister, die außerhalb seiner Sphäre sind, beherrschen, wenn er nicht einmal die Geister, die in seinem Inneren hausen, regieren kann? Nur derjenige ist der richtige Spiritist, der sich selbst und die Geister beherrscht, nicht aber derjenige, der für sie nur eine willenlose Puppe und ein Spielball ist. Es ist ein Gesetz in der ganzen Natur, dass man nur durch die Überwindung des Niederen zum Höheren gelangen kann. Die Lotuspflanze wächst aus dem Wasser empor, um Licht und Luft zu genießen, und wer den Äther des Himmels atmen will, muss sich aus dem Sumpfe der Gemeinheit erheben. Wer in sich selbst den Bürger des Himmels erkennt, für den ist der Verkehr mit den höheren Geistern nicht nur eine denkbare Möglichkeit, sondern eine sich alltäglich ereignende Tatsache.

2. Geistiger Verkehr unter den Lebenden.

„Zwei Seelen und ein Gedanke;
Zwei Herzen und ein Schlag."

Aller Verkehr unter den Menschen hat eine geistige Grundlage; äußerliche Mittel dienen nur dazu, den geistigen Verkehr zu erleichtern. Geist ist Bewusstsein. Ohne Geist könnte keine Annäherung irgendwelcher Art zu unserem Bewusstsein kommen. Wir leben in einer objektiven Welt und sind von Gegenständen umgeben, von denen wir nur das wissen, was davon zu unserem Bewusstsein kommt; folglich ist tatsächlich die Welt, die wir kennen, eine subjektive, die wir entweder selbst geschaffen haben oder die sich in uns eingebildet hat. Wir wissen mit unserem Gehirnverstande selbst von unseren besten Bekannten und Freunden nichts, wir kennen nur die Eindrücke, die wir von ihnen durch unsere Sinne empfangen und in uns aufgenommen haben, und aus diesen bilden wir uns Vorstellungen der betreffenden Personen und ihrer Eigenschaften, die oft gar nicht der Wirklichkeit entsprechen, wie schon mancher erfahren hat, wenn er, nachdem er sich von jemandem eine ideale Vorstellung machte, sich in seinen Erwartungen getäuscht fand. Wir sagen: „Diese oder jene Person ist schön." Philosophisch gesprochen sollte es heißen: „Der Eindruck, den ich von ihr erhalte, ist schön." Nicht die Person ist es, die wir im Grunde genommen lieben, sondern ihr Bild, das in unserem eigenen Inneren lebt, und wir übertragen diese Liebe auf das Äußere, auf die Person.

Alles Äußere ist nur Schein; die Vorstellung trennt den Gegenstand von uns, aber die Liebe durchdringt und vereinigt. Nicht die körperliche Annäherung, sondern die Seelenharmonie verbindet die Menschen und führt sie zusammen. Die körperliche Entfernung kommt dabei nicht in

Betracht. Man kann oft jemanden, wenn er fern ist, mehr lieben, als wenn man ihn sieht, weil man, wenn er entfernt ist, nur eine ideale Vorstellung von ihm hat, während bei einer persönlichen Annäherung störende Eindrücke dazwischen kommen können. Man denkt nicht an die Fehler eines Abwesenden, den man liebt; ist man aber mit ihm zusammen, so drängen sich solche Fehler der Beobachtung auf. Zwei Personen können Tausende von Meilen körperlich von einander entfernt und dennoch ein Herz und eine Seele und geistig verbunden sein, während andere mit einander verheiratet sein und sich doch unendlich fern und fremd bleiben können. Rein äußerliche Verbindungen haben keinen dauernden Wert; was sich seelisch zusammenfindet, ist von Gott zusammengefügt und von ewiger Dauer, selbst der Tod kann es nicht trennen.

Ein geistloser Verkehr zwischen den Menschen gleicht einem Totentanz. Die glänzendsten Bälle und Soireen, bei denen alles nur auf den äußeren Schein abgesehen ist, geben dem denkenden Menschen keine dauernde Befriedigung. Eitles Geschwätz zieht nicht an, sondern stößt ab. Die Sprache ist den Menschen gegeben, damit sie sich gegenseitig verständigen, aber wo die geistige Übereinstimmung fehlt, da kommt auch durch viele Worte keine Verständigung zuwege, und wo völlige Übereinstimmung herrscht, da bedarf es der Worte nicht, da genügt vielleicht ein Blick, ein Händedruck oder auch nur ein Gedanke. Die äußerliche Sprache ist nur eine Beihilfe zur Gedankenverständigung. Wenn wir einmal mehr vergeistigt sein werden, wird auch das äußerliche Sprechen nicht mehr so nötig sein.

Man hört heutzutage in wissenschaftlichen Kreisen viel von der Gedankenübertragung oder Telepathie und spricht darüber, als ob es etwas ganz Neues, Wunderbares und Unglaubliches wäre. Tatsächlich muss man sich darüber wundern, dass die Gelehrten erst jetzt darauf gekommen sind, sie war schon längst den Kindern bekannt. Ein Mensch ohne Intuition, der die Gedanken eines anderen nicht bis zu einem gewissen Grade erkennen könnte, wäre gleich einem Holzklotz, der erst geschoben sein muss, ehe er sich rührt. Selbst Hunde, Katzen, Pferde und viele andere Tiere verstehen oft die unausgesprochene Sprache ihres Herrn, auch ohne dass ein Mienenspiel dazu nötig ist. Tiere haben auch Seelen, wie schon der (lateinsche) Name animalia (von anima = Seele) bezeugt, aber bei Menschen, welche kein Seelenleben haben, weil ihr ganzes Wesen in der äußerlichen Sinnestätigkeit aufgegangen ist, fehlt die Intuition. Der Verkehr zwischen seelenlosen Wesen kann nur ein äußerlicher sein; der Verkehr zwischen Seelen ist ein innerlicher, geistiger, bei dem das Äußerliche nur eine Nebensache ist.

Wo zwei Töne harmonisch zusammentreffen, da bilden sie einen Einklang, selbst wenn die Quellen, aus denen sie kommen, noch so weit voneinander entfernt sind. Zwei gleichgestimmte Seelen verstehen sich gegenseitig, und die Entfernung spielt dabei keine Rolle. Schneller als Elektrizität fliegt der Gedanke in die weiteste Ferne und schwingt sich sogar zu den Sternen empor. Die Fernwirkung des Gedankens ist jedem Menschen bekannt, dessen Innenleben lebendig ist, und es kann sich jeder hiervon durch Experimente überzeugen, vorausgesetzt, dass er eine fühlende Seele besitzt. Es ist ein ganz alltäglich vorkommendes Ding, dass man plötzlich an einen fernen Bekannten denkt, an den man sich vorher lange nicht mehr erinnert hat, und dass bald darauf ein Brief von demselben eintrifft, der gerade um diese Zeit, als man an ihn dachte, geschrieben war; ja, man weiß manchmal schon die Ankunft des Briefes und mitunter sogar dessen Inhalt voraus. Dass es Ahnungen gibt, ist ebenso unzweifelhaft, als das Bestehen der Intuition. Dass sie manchmal trügerisch sind, beweist nichts anderes als die Unvollkommenheit der Auffassung der uns zukommenden Schwingungen. Wer dies leugnet, handelt ebenso unvernünftig, als wenn jemand die Existenz einer Sprache ableugnen wollte, weil er sie nicht richtig versteht.

Alles in der Welt ist substantiell; etwas, das keine Substanz hätte, könnte auch keine Existenz haben und wäre undenkbar. Auch Gedanken sind substantielle Dinge, wenn auch aus feinerem Stoffe gemacht. Wir sprechen von Schwingungen, aber es gibt keine Schwingung ohne etwas, das schwingt. Die ganze Welt ist Substanz und wäre ohne diese ein Nichts. Wir erzeugen die Sterne am Himmel nicht, wir sehen sie nur. Wir erzeugen keine Ideen, wir fassen sie nur auf und bringen sie in neue Formen. Gedanken fallen uns ein, und wir wissen nicht, woher sie kommen. Sie treffen oft ungeladen ein, und oft lassen sie sich nicht vertreiben. Auch wissen wir nicht, wohin die Gedanken wandern, die wir in die Weite senden, oder wo sie einfallen werden. So lebt der eine in den Gedanken des anderen, erhält die Gedanken des anderen und überträgt seine Gedanken auf andere, selbst wenn er von der Fernwirkung des Gedankens nichts weiß.

Ein Blinder, der auf der Straße von einem Fremden angesprochen wird, weiß nicht, wer zu ihm redet, noch mit wem er spricht; ist es aber ein Bekannter, so kann er ihn an dem Klange seiner Stimme erkennen. Solange wir geistig blind sind, ist es auch schwer für uns, die Quelle der Einflüsse zu erkennen, die aus der Ferne zu uns kommen, aber das Gefühl kann uns die Quelle verraten; denn jeder Gedanke, der uns trifft, ist ein Teil der Persönlichkeit, von der er ausgeht, und trägt die Färbung des Charakters derselben. Der von der Ferne auf uns einwirkende Gedanke eines Freundes ruft in uns die Erinnerung an diesen Freund wach, und mit dieser Erinnerung tritt auch dessen Bild in unsere Vorstellung ein. Dies kann so weit gehen, dass wir denjenigen, der intensiv an uns denkt, leibhaftig vor uns sehen. In diesem Falle ist die Erscheinung das Erzeugnis unserer eigenen, durch den empfangenen Eindruck hervorgerufenen Vorstellung, und wir sehen die Person so, wie ihr Bild in unserer Gedächtniskammer aufbewahrt ist.

Andererseits kann die Erscheinung auch so, wie sie jetzt ist, und nicht, wie wir uns ihrer erinnern, auftreten; denn ihr vom Willen belebter Gedanke ist, wie gesagt, ein Teil ihrer selbst mit allen ihren Charaktereigenschaften, und diese drücken sich wieder in einer Form aus, die diesem Charakter entspricht. So lange ein Mensch nicht zum geistigen Selbstbewusstsein erwacht ist und seine geistigen Wahrnehmungsfähigkeiten nicht entsprechend ausgebildet sind, wird es ihm auch nicht immer leicht sein, zwischen den Produkten der aktiven und der passiven Vorstellung bei solchen Erscheinungen zu unterscheiden; jedoch ist auch hier das Gefühl weit zuverlässiger als das Sehen. Annäherungen, die von Einflüssen böswilliger Menschen zu uns kommen, legen sich wie Bleigewicht auf die Seele; die Einflüsse liebevoller und edler Menschen wirken erhebend, und die Annäherung eines Erleuchteten wirkt wie der Sonnenschein und lässt ein oft noch tagelang andauerndes Gefühl des Glückes und der Seligkeit zurück.

Desgleichen kommt es auch, wenn man sich mit einem fernen Freunde in geistige Verbindung setzen und einen Gedankenaustausch ermöglichen will, viel mehr auf das Gefühl als auf die Vorstellung an. Durch die Liebe werden zwei Personen gleichsam miteinander vereinigt, und es nimmt die eine an den Empfindungen und Vorstellungen der anderen teil. Die Bhagavad-Gita sagt: „Wer ein Wesen von ganzem Herzen liebt und an dasselbe denkt, der geht in die Natur dieses Wesens ein, was es auch sei." Durch diese Kraft der Liebe findet die Fleischwerdung Gottes im Menschen statt, und durch sie kann der Mensch sich mit seiner Gottheit vereinigen. Um wie viel begreiflicher ist es, dass durch die Liebe auch ein Verkehr mit anderen Menschen in der Ferne stattfinden kann.

Es ist nicht unsere Absicht, diese Blätter mit langen Zitaten aus Büchern zu beschweren. Die ganze metaphysische und spiritistische Literatur ist voll von Beispielen von Erscheinungen Lebender, wozu auch diejenigen gehören, welche im Augenblicke ihres Todes fernen Freunden oder Verwandten erschienen. In der Lebensgeschichte von H. P. Blavatsky sind Beispiele von solchen Erscheinungen lebender Adepten angeführt, und E. Gurney, Myers und andere haben die Gespenstererscheinungen lebender Personen und dergleichen Dinge wissenschaftlich untersucht und behandelt. Übrigens gibt es wenige denkende Menschen, in deren Familien man nichts von dergleichen Dingen erfahren hat.

Der Verkehr mit den Geistern lebender Menschen, oder richtiger gesagt der seelische Verkehr unter den Menschen, ferne davon, etwas Unglaubliches zu sein, ist somit etwas Alltägliches. Überall spricht Seele zur Seele, wenngleich ihre Sprache nicht immer verstanden wird; unter allen denkenden Wesen findet, sei es wissentlich oder unwissentlich, ein direkter Gedankenaustausch statt. Aus dem Gefühl entspringt der Gedanke, und aus dem Gedanken, der zum Herzen dringt, bildet sich das Wort. Zwei oder mehr Personen, die intensiv von demselben Gefühl ergriffen sind, werden auch von demselben Gedanken durchdrungen und sprechen ihn aus. Daher der spontane Applaus im Theater, das Kriegsgeschrei beim Angriff und dergl. Ein guter Redner wirkt auf die Zuhörer viel mehr durch die Empfindungen, die er in ihnen erweckt, als durch seine bedachten Argumente, die ohnehin nichts nützen, wenn das Gefühl sich dagegen sträubt. Es ist Geist, der auf Geist einwirkt, Seele, die zur Seele spricht, und deshalb muss der Redner selbst Geist und Seele haben. Was vom Herzen kommt, geht zum Herzen. Ein Redner, der seine Rede einstudieren oder auswendig lernen oder der sich besinnen muss, was er sagen soll, wird wenig Erfolg haben. Das Wahre, welches ein Redner fühlt, spricht sich ohne langes Nachdenken von selber aus; die Lüge ist daran erkenntlich, dass ihr Ausdruck erzwungen ist.

Seele verbindet sich mit Seele durch das Gefühl; Geist mit Geist durch den Verstand. Ein guter Schauspieler fühlt und denkt sich in die Rolle, die er spielt, hinein; er fühlt sich selbst als derjenige, den er darstellt. Wenn ich fähig bin, mich in den Geist, die Empfindung und Denkweise eines anderen Menschen zu versetzen, sei er lebendig oder tot, so kann ich in seiner Weise empfinden und denken. Wenn ich auf diese Weise in den Geist eines anderen eingehe, so geht dieser Geist in mich ein, und ich kann in diesem Geiste oder, was dasselbe ist, dieser Geist kann durch mich schreiben oder sprechen, so wie diese Person schreiben oder sprechen würde, und dies um so besser, je mehr ich von ihrem Geiste erfüllt bin. Dieser Geist ist aber kein Gespenst und hat nichts mit dem Körper dieses Menschen zu schaffen; es sind Empfindungen und Gedanken, die den seinen ähnlich sind, und sie stellen einen Charakter dar, den er selbst erzeugt hat, aber er selbst weiß nichts davon. Es ist gleichsam, wie wenn ein Licht an einer Flamme angezündet wird, es ist dasselbe Licht, aber eine andere Flamme. Auf diese Art kann der Geist eines Menschen vom Geiste eines anderen besessen sein, ohne dass der andere etwas damit zu tun hat oder etwas davon weiß; denn dieser Geist ist nicht die Person, sondern nur deren Erzeugnis, gleichwie das Licht einer Kerze nicht die Kerze selber ist.

Die Seele ist die Flamme, die Liebe das Feuer, der Geist das Licht. In diesem wogt das Gedankenmeer, und Gedankenströmungen ziehen darin nach allen Richtungen hin und her. Jeder Gedanke, den ein Mensch aussendet, ist wie ein Lichtstrahl, der von einer Lichtquelle ausgeht und auch wieder zu dieser zurückkehrt; jeder trägt die Farbe und den Charakter desjenigen, der ihn aussendet, an sich. Dass wir überhaupt noch äußere Sinneswerkzeuge nötig haben, um miteinander zu verkehren, ist die Folge unserer Unvollkommenheit, weil wir noch blind und taub und zu gefühllos für geistige Einflüsse sind und in unserem materiellen Körper wie in einem Halbschlafe existieren. Mit einem geistigen Erwachen werden auch höhere Wahrnehmungskräfte in Tätigkeit kommen.

Wenn es uns aber jetzt noch an der Unterscheidung der zu uns gelangenden geistigen Einflüsse mangelt, so wirken dieselben dennoch, wenn auch unbewusst, auf uns ein. Oberflächliche Gedanken und Hirngespinste haben wenig in die Ferne wirkende Kraft, aber jeder aus dem Herzen kommende Gedanke ist ein vom Willen des Absenders beseeltes Wesen, das gleichsam die Photographie seines Erzeugers in sich trägt, und je nach seiner Beschaffenheit Segen oder Unheil bringen kann. So schaffen die Menschen durch ihr Wollen und Denken Engel sowohl, als Teufel, und senden sie als sicheren Botschafter denjenigen zu, an die sie gerichtet sind. Die Menschen werden durch solche Kräfte und Bilder beeinflusst oder in ihrer Ruhe gestört; sie sehen sie nicht, aber sie empfinden ihre Wirkungen; der geistig erwachte, klarsehende Mensch kann solche Formen aber auch sehen, weil ihre Erscheinung dem Charakter ihres Wesens entspricht. Der Segen, den eine liebevolle Mutter ihrem in der Ferne lebenden Kinde sendet, stellt ein Wesen von überirdischer Schönheit dar, welches wie ein Schutzengel über dasselbe wacht und ihm gute Gedanken übermittelt; der Fluch des Bedrückers kann den Bedrückten auf allen seinen Wegen begleiten und sich wie ein Teufel an ihn anhängen, ja ihn sogar zur Verzweiflung bringen und zum Selbstmord verleiten.

Ein intensiver in die Ferne gesandter Gedanke kann nicht nur eine für einen Hellsehenden wahrnehmbare Erscheinung hervorrufen, sondern es kann durch ihn ähnlich wie bei einer Telephonleitung sogar die Stimme des Absenders vermittelt werden. Ja noch mehr. Es kann dabei eine Art von Fernphotographie stattfinden, indem die ganze Situation, in der sich der Absender befindet, durch die von ihm ausgehende Strömung auf den Empfänger übertragen wird und zu seiner Vorstellung gelangt.

Der Gedanke, den ein Mensch aussendet, ist ein Teil seiner selbst. Wenn wir uns in Gedanken an einen anderen Ort versetzen, so ist ein Teil unserer Kraft schon dort. Deshalb wird man auch durch beständige Zerstreuung geschwächt und durch innerliche Sammlung gestärkt. Wenn jemand zu Fuß einen weiten Weg machen muss und dabei immer an das Ziel seines Weges denkt, so wird er viel eher ermüden, als wenn er unbekümmert um die Entfernung sich weiter bewegt. Im ersten Falle ist ein Teil seiner selbst schon am Ziel und schleppt mühselig den materiellen Teil hinterher, im anderen Falle hat er alle seine Kräfte beisammen. Man blickt in einen Abgrund, wird von der Tiefe angezogen und taucht im Geiste in denselben hinab; der oben gebliebene körperliche, geschwächte Teil wird dann vielleicht vom Schwindel ergriffen und stürzt dem anderen nach. Ähnliche Umstände bringen die Erscheinung der Seekrankheit hervor, und das Mittel gegen solche Dinge ist die innerliche Sammlung, das Feststehen im Selbstbewusstsein der eigenen Individualität, gegen das auch ein Hypnotiseur nicht ankommen kann. Bei allen diesen Erscheinungen kommen nicht nur die Gedankenströmungen, sondern auch der Astralkörper oder Traumkörper in Betracht, welcher aus dichterem Stoffe als der Gedanke, aber aus feinerem als der sichtbare Körper besteht. Er steht mit dem ätherischen Körper (Linga-Scharira), welcher der Sitz der Lebenskraft ist, in engster Beziehung, und es ist deshalb erklärlich, dass, je mehr wir in unseren Gedanken in die Ferne schweifen und außer uns selbst leben, unser Gedankenstrom umso mehr die astrale und ätherische Materie nach sich zieht, und dass der Körper umso mehr geschwächt wird. Der physische, sichtbare Körper kann dem Fluge des Gedankens nicht folgen, aber die astralen und ätherischen Schwingungen folgen ihm nach. Wird während des Schlafes der Astralkörper frei, so kann er den Gedanken begleiten, weshalb man auch im Traume entfernte Orte vermittelst dieses Traumkörpers besuchen und sogar die Erinnerung an das Gesehene in den

73

physischen Körper zurückbringen kann. Auch vermag dieser Traumkörper fern vom physischen Körper als der sogenannte Doppelgänger zu erscheinen.

Dies kann entweder bewusst oder unbewusst geschehen. Der Sitz unseres Bewusstseins ist im wachen Zustande der physische Körper, im Traume geht es in den Astralkörper über. Wenn es uns möglich ist, unser Bewusstsein im wachen Zustande in den Astralkörper oder in den noch feineren Gedankenkörper zu versetzen, so ist es uns auch möglich, uns selbst geistig an den Ort zu begeben, wo unsere Gedanken verweilen, und dort Wahrnehmungen zu machen und zu handeln. Die Klarheit unserer Wahrnehmungen wird dann von der Ausbildung unserer geistigen Organisation abhängig sein, wie ja auch der Gebrauch unserer Sinne von dem Zustande unserer körperlichen Sinnesorgane abhängig ist.

Aber die uns hier zugemessene Zeit gestattet es nicht, weiter in das Gebiet dieses Zweiges der Naturwissenschaft einzudringen; es handelt sich für uns hier nur darum, darauf hinzuweisen, dass wir alle innerlich Geister sind, und dass ein beständiger geistiger Verkehr zwischen den Lebenden stattfindet. Dieser Verkehr ist meistens ein unbewusster und traumartiger, weil wir selbst noch ein äußerliches Traumleben führen und noch nicht zum wahren geistigen Selbstbewusstsein erwacht sind. Findet dieses Erwachen statt, wodurch wir in eine höhere geistige Bewusstseinsebene eintreten, ohne deshalb den Boden des Materiellen unter unseren Füßen zu verlieren, dann wird auch dieser geistige Verkehr ein selbstbewusster und vernünftiger sein.

3. Der Verkehr mit den Geistern und Seelen Verstorbener

„Lasset die Toten ruhen!"

Wenn man sich über eine Sache gegenseitig verständigen will, so ist es, um Verwirrung zu vermeiden, vor allem nötig, die Dinge bei ihrem richtigen Namen zu nennen. Wenn jemand von den Eigenschaften eines Steines redet und der andere stellt sich dabei einen Baum vor, so werden die bei den sich schwerlich verständigen. Dies ist noch viel wichtiger, wenn es sich um übersinnliche Dinge handelt, deren Begriffe noch nicht ganz feststehen. Auch in der Wissenschaft der Metaphysik und des Spiritismus wird schwerlich Klarheit kommen, solange man nicht zwischen Geist und Seele unterscheidet. Ein geistiger Verkehr, sei es mit Lebenden oder

Verstorbenen, hat nicht notwendigerweise etwas mit dem Verkehr mit Seelen zu schaffen, und ein Seelenverkehr ist noch kein geistiger oder intellektueller. Es gibt seelenlose Geister ebenso wie es geistlose Seelen gibt. Im Grunde genommen gibt es nur einen einzigen Geist, aus dem alle Bewusstseinsformen entspringen, wie es auch nur eine einzige Materie gibt, aus der alle Arten von Stoffen und Formen sich bilden. Dasjenige Lehrsystem, welches auf eine rein materielle Weltanschauung aufgebaut ist und angibt, dass alles, was man Leben, Geist usw. nennt, von einer leblosen Materie erzeugt werde, wird Materialismus genannt, im Gegensatz zum Spiritualismus, der den Geist als die Grundlage alles Daseins erkennt. Etwas anderes ist es mit dem Spiritismus, bei welchem es sich um einen Verkehr mit den Bewohnern der sogenannten übersinnlichen Daseinsebene, speziell mit den Seelen verstorbener Menschen handelt. Materialismus und Spiritualismus sind die beiden Grundpfeiler einer geteilten Weltan-schauung; als drittes erscheint die Religion, welche sowohl der Materie als auch dem Geist ihr Recht zuerkennt und lehrt, dass beide im Grunde genommen eins und aus einem undenkbaren Etwas, das sie Gott nennt, entsprungen sind!

Geist ist Bewusstsein, Materie ist Form. Alle Dinge sind durch die Einwirkung des Geistes in der Materie entstanden, die Formen der unsichtbaren sowohl als der sichtbaren Dinge, und die Formen dienen als Mittel zur Offenbarung der Eigenschaften des Geistes. Das ist der Schlüssel zum Verständnis der Natur. Geist an sich ohne Substanz ist nicht offenbar und daher für uns nichts; Form ohne Wesen ist ein wesenloses Spiegelbild; aber wenn sich Geist und Materie vereinigen, so ist das Endresultat der Entwicklung eine lebendige Form, d. h. eine Seele oder Individualität. Ein Topf oder ein Haus hat auch seiner äußeren Form nach eine Individualität, aber keine Seele. Tiere haben Seelen und Bewusstsein, aber nur in der Seele des Menschen kann sich das wahre Selbstbewusstsein entwickeln, und nur ein zu diesem Selbstbewusstsein gekommener Mensch hat eine dauernde, selbstbewusste Individualität.

Der eine Geist, der in den verschiedenen Formen wirkt, erzeugt in diesen Geister der verschiedensten Art. Die Seele des Menschen ist der eigentliche Mensch selbst; die Form, die er bewohnt, ist seine Persönlichkeit und das Werkzeug seiner Offenbarung im Äußeren. Seine Gedanken und Vorstellungen, welche er in dieser Werkstätte erzeugt, sind Produkte seines Gehirns, von dem Licht des einen Geistes erzeugt und aus der Materie geboren, und haben als solche eine von ihrem Erzeuger unabhängige

Existenz. Eine Idee, die aus dem Gehirn eines Denkers geboren ist, gehört nicht mehr diesem Denker zu eigen an, sondern ist da für jedermann, der sie fassen kann. Die im Gehirn erzeugten und durch den Willen belebten Gedanken und Vorstellungen sind Geister aus dem Geist dessen, der sie erzeugte, aber nicht dessen Geist. Wenn ich mich mit den Lehren von Pythagoras beschäftige, so verkehre ich mit seinen geistigen Produkten, aber nicht mit seiner Seele. Pythagoras, selbst wenn er sich noch im Jenseits befände, wüsste nichts davon.

Die Ideen, welche aus dem Gehirn des Menschen geboren sind, gleichen Sternen am Gedankenhimmel der Menschheit, die nicht vergehen, wenn auch ihr Erzeuger von der Erde verschwindet. Nicht nur jeder Gedanke, sondern auch jedes ausgesprochene Wort bleibt im Astrallicht, der Gedächtniskammer der Welt, aufbewahrt, wie auch alles, was ein Mensch je gehört oder gesehen hat, in seinem Gedächtnis aufbewahrt bleibt und von dort wieder herausgeholt werden kann. Alles, was jemals geschrieben, gesprochen oder getan worden ist, sei es klug oder dumm, steht in diesem „Buch des Lebens". Der Adept kann es auffinden; sensitive Personen geraten oft unwillkürlich in solche Gedankenströmungen und nehmen sie in sich auf. Aus dieser Quelle stammen eine große Menge von angeblichen Geistermitteilungen, die aber nichts weiter als Eindrücke aus dem Astrallicht sind. Der Irrtum der Spiritisten besteht oftmals darin, dass sie sich nicht die Fortexistenz und Äußerung einer Summe von intellektuellen Kräften ohne die dahinterstehende Persönlichkeit ihres Erzeugers denken können.

Um uns ein klares Bild hierüber zu machen, wollen wir die Vorgänge nach dem Tod näher betrachten.

Man sagt, der Schlaf sei der Bruder des Todes, und vielleicht kann uns die Beobachtung unserer Zustände während desselben einige Rätsel lösen. Schon bei dem Einschlafen macht sich uns eine Spaltung des Bewußtseins bemerkbar, ohne die ja überhaupt eine Beobachtung des Selbsts durch das Selbst nicht denkbar wäre. Dann zieht sich der höhere Teil, dem Intelligenz und Vernunft angehören, immer mehr in seine Tiefen zurück; das eigentliche Selbstbewusstsein schwindet und mit ihm die Herrschaft über das Selbst. Die geistigen Kräfte hören auf zu wirken, es stellt sich das Traumbewusstsein ein, und der Mensch gleicht nun einer geistlosen und hilflosen Larve, in welcher die verschiedensten durch früher empfangenen Eindrücke hervorgerufenen Traumbilder und Vorstellungen ihr närrisches Spiel treiben, wobei der Träumende oft manches für heiligen Ernst nimmt, was er beim Erwachen als sinnloses Zeug erkennt.

Wenn man einen Schlafenden oder Betrunkenen aufweckt und ihn mit Fragen bestürmt, so wird man von ihm, solange er nicht ganz zur Besinnung gekommen ist, auch nur verworrene und unklare Antworten erhalten, in denen manches wahr, anderes falsch sein kann. Der Träumende oder im Halbschlaf befindliche Mensch hat keinen klaren Verstand und handelt den ihm innewohnenden Instinkten gemäß. Bekannt ist die Geschichte des Mönches, welcher, nachdem er von seinem Abt eine Zurechtweisung erhalten hatte, in der darauffolgenden Nacht im Schlaf aufstand, im somnambulischen Zustand nach dem Zimmer des Abtes schlich, sich dem Bett des Abtes, der sich aber noch nicht niedergelegt hatte, näherte, und auf den vermeintlich darin befindlichen Abt Dolchstiche ausführte.

In ähnlicher Weise handeln auch die Seelen verstorbener Menschen die sich in einem ähnlichen Traumzustand befinden, der, je nach den Eindrücken und Erinnerungen, die in ihnen noch leben, mit paradiesischen oder höllischen Traumbildern erfüllt sein kann. Als ein Beispiel aus Tausenden möge folgendes dienen:

Die Familie eines Engländers reiste in Italien und übernachtete in einem Hotel. Am nächsten Morgen erschien das Dienstmädchen welches sie mitgebracht hatten, trotz wiederholten Läutens nicht und als man nach ihm suchte, fand man es in seinem Bett, vom Schreck gelähmt. Als das Mädchen wieder sprechen konnte, erzählte es dass es vor dem Einschlafen einen toten italienischen Offizier vor dem Bett auf dem Boden hätte liegen sehen. Es beschrieb dessen Uniform; der blutüberströmte Leichnam hatte, den Kopf durchschossen, – eine Pistole in der Hand. Nach einiger Zeit erhob sich die Leiche, setzte sich die Pistole an die Stirn, drückte los, fiel hin, erhob sich von neuem, erschoss sich wieder, und dasselbe Schauspiel wiederholte sich, bis das Mädchen vom Schrecken überwältigt, die Besinnung verlor. Hierauf angestellte Nachforschungen ergaben, dass sich einige Tage vorher ein so gekleideter Offizier in diesem Zimmer erschossen hatte. Wir können uns aus solchen Beispielen eine Vorstellung von den Enttäuschungen machen, welche diejenigen zu erwarten haben, die durch Selbstmord Ruhe zu finden hoffen.

Der Mensch ist aus vielerlei Substanzen zusammengesetzt. Sein sichtbarer Körper ist aus der äußeren Natur geboren; sein Traumkörper gehört der Traumwelt an; sein Wissen ist ein Konglomerat von Ideen, die der Gedankenwelt angehören; sein Eigendünkel ist eine Illusion seiner Sinne;

sein wahres Selbst ist aus Gott. Nach dem Tod kehrt jeder dieser Bestandteile wieder zu seinem Ursprung zurück, der Körper zu den Elementen, der Geist zu Gott, die Seele aber nimmt in der Traumwelt diejenige Stellung ein, sei sie hoch oder niedrig, die sie sich während ihres Lebens auf der Erde erworben hat. Dort muss sie, um höher steigen zu können, ein Gewand nach dem anderen ablegen, und wenn sie alles abgestreift hat, was nicht göttlich ist, so bleibt nur ihre göttliche Wesenheit übrig. Ist das Gottesbewusstsein im Menschen erwacht und die letzte Hülle gefallen, so hat die Seele sich selber im Licht gefunden und ist eins mit Gott. Ist sie durch ihre Neigungen an das Materielle gebunden, so entflieht der Geist, und sie bleibt im Materiellen zurück.

Wir können durch Selbstbeobachtung zwei Regionen unserer Seele unterscheiden. Der höheren Region gehören die höheren Seelenkräfte: Selbstbewusstsein, Vernunft, Verstand, Erkenntnis, Glaube, Liebe usw., der niederen die niederen Seelenkräfte: Eigenwahn, tierische Instinkte, Hirngespinste, persönliche Begierden usw. an. Wer noch in der niederen Seelenregion seinen Wohnsitz hat, der sieht beim Einschlafen, wie ihn das höhere Selbstbewusstsein, Erkenntnis usw. verlassen. Die niederen Seelenkräfte sind dann in ihm noch eine Weile tätig, bis dass auch diese zur Ruhe kommen und nur noch die organische vegetative Lebenstätigkeit bleibt. Beim Erwachen regen sich zuerst wieder die niederen Seelenkräfte, Instinkte usw.; dann hält die Vernunft ihren Einzug. Die Wiederverkörperung ist auch ein solches Erwachen. Auch hier regt sich im Kinde zuerst das tierische Leben, ehe Vernunft und Verstand zum Vorschein kommen.

Nach dem Tod des Körpers findet eine ähnliche Trennung statt, welche in der kirchlichen Lehre als der zweite Tod bezeichnet wird. Die höheren Seelenkräfte trennen sich von den niederen und lassen in der Traumwelt eine geistlose Larve zurück, in welcher allerdings noch für kürzere oder längere Zeit die niederen Instinkte und Erinnerungen tätig sein oder momentan wieder erweckt werden können.

Wo ist unser wahres Bewusstsein während des Schlafes, wenn nur ein Scheinbewusstsein im Traum vorhanden ist? Die Yogins und Heiligen, welche die Vereinigung des persönlichen Bewusstseins mit dem höheren Selbst erlangt haben, können darüber Auskunft geben. Die Bhagavad-Gita sagt: „Der Geist desjenigen, der den wandernden Sinnen untertan ist, wird umhergetrieben wie ein Schiff auf stürmischem Meer, aber derjenige hat wahre Erkenntnis, dessen Geist von sinnlichen Dingen gänzlich abgezogen ist. Was für andere Wesen Nacht ist, das ist für ihn der wachende Tag, und was andere für Wachen halten, erkennt er als Traum." Wer in der höheren Seelenregion seinen Wohnsitz genommen hat und in jenen Zustand eingeht, den der indische Weise Samadhi nennt, für den ist das Eintreten des Schlafes oder des Todes kein Verlust des Bewusstseins.

Solche Menschen aber, in denen die unsterbliche Seele schon während des Daseins auf der Erde zur Selbsterkenntnis gekommen ist und folglich beim Tod sogleich in die Freiheit tritt, sind selten zu finden. In der Regel besteht zwischen dem Astralkörper des Verstorbenen und dem entschwundenen Geist noch eine geheime Verbindung, die längere Zeit dauern kann, und während welcher der Geist bestrebt ist, die in diesem Astralkörper allenfalls noch vorhandenen edleren Elemente an sich zu ziehen, wie ja auch bei einem Schlafenden mitunter noch ein Licht aus einer höheren Region in seine Träume hineinleuchtet. Nur dasjenige, was in dem abgeschiedenen Traumkörper noch himmlischer Natur ist, kann in denjenigen Zustand, den man als Himmel bezeichnet, eingehen; das Heilige in ihm strebt danach, sich vom Unheiligen, das Göttliche sich vom Irdischen loszuringen, und es ist daher für die scheidende Seele von größtem Nachteil, wenn sie durch irdische Einflüsse wieder zum Niederen herabgezogen oder gezwungen wird, am Iridischen teilzunehmen. Sie wird dadurch nicht nur an ihrem Fortschritt gehindert, sondern kann dadurch sogar den Verlust ihrer Unsterblichkeit erleiden; denn die Unsterblichkeit ist das Bewusstsein eines höheren, unsterblichen Daseins; ein Dasein ohne Bewusstsein ist Tod. Ein solches Herabziehen ist allerdings möglich und gehört in das Reich der Nekromantie oder Teufelskunst, welche von den Weisen aller Länder und Zeiten verdammt und von allen Religionssystemen verboten wird.

Hierüber mögen noch ein paar Bemerkungen am Platz sein: Alles in der Welt ist dem Wesen nach unsterblich; es geht aus dem Universum kein Atom von Stoff, noch ein Funke von Energie verloren; aber Stoff und Kraft sind sich ihrer Unsterblichkeit nicht bewusst. Die vom Gottesgeist durchdrungene menschliche Seele allein hat die Fähigkeit, dieses Bewusstsein ihrer Unsterblichkeit zu erlangen, und muss sich deshalb diesem Geist zuwenden. Solange ihr hierzu der Körper mit seinen Kräften und damit auch der freie Wille und die Vernunft zur Verfügung stehen, kann sie aus eigener Kraft diese Richtung einschlagen und sich auch, wenn sie gefallen ist, wieder erheben. In der abgeschiedenen Seele findet kein neuer Zufluss von Kraft aus dem Materiellen mehr statt. Sie hat nur dasjenige, was sie bereits erworben und mitgebracht hat. Durch liebevolle, sympathische, geistige Einflüsse von Seiten der Hinterbliebenen kann die Seele eines Verstorbenen ebenso gut wie die eines lebenden Menschen erhoben und ihre Befreiung gefördert werden; denn Geist wirkt auf Geist, Seele auf Seele ein. Andererseits kann sie durch die nach ihr verlangenden Wünsche der Hinterbliebenen an ihrer Befreiung gehindert oder herabgezogen werden.

Glücklicherweise sind die Künste der Nekromantie unter den Anhängern des modernen Spiritismus noch wenig bekannt, und wenige haben die Macht, sie auszuüben, selbst wenn sie dieselben kennen. Bei den alltäglichen spiritistischen Sitzungen spielen die Seelen verstorbener Menschen keine Rolle, und die Zaubersprüche und Zeremonien unserer modernen Geisterbanner und Teufelsbeschwörer sind ebenso wie viele kirchlichen Gebräuche zu einer leeren Komödie geworden, der es an Geist fehlt, und die deshalb auch keine geistige Wirkung haben kann. Der moderne Spiritismus hat in der Regel nichts mit den eigentlichen Seelen Verstorbener, sondern, wo dieselben in Betracht kommen, im besten Fall nur mit deren Hinterlassenschaften: geistlosen Traumkörpern, Astral-schemen, zurückgebliebenen Eindrücken im Astrallicht, Gedankenströ-mungen usw. zu tun, wobei der Wissenschaft allerdings noch ein weites Feld zur Erforschung übrig bleibt. Die himmelanstrebende Seele wirft auf ihrem Flug ihre Gewänder ab, und mit diesen können wir uns beschäftigen; aber sie selbst hat mit irdischen Dingen nichts mehr zu tun und kehrt nicht zurück, um Tische zu rücken oder durch gespenstige Erscheinungen den Hinterbliebenen Schrecken einzujagen. Müsste sie in ihrem himmlischen Zustand sich noch weiter um die Angelegenheiten ihrer Familie bekümmern, so würde der Himmel ihr oft eine Hölle sein.

Manche Spiritisten geben auf letzteren Einwurf zur Antwort, dass die Seele in ihren himmlischen Höhen die Leiden und Irrungen ihrer Familie auf der Erde mit ganz anderen Augen sehen und in ihnen eine notwendige Schulung erblicke, bei der ein Eingriff nicht anwendbar sei. Dieses Argument wäre vielleicht richtig, wenn es sich um die Seele eines zur vollen Erkenntnis der Natur und aller ihrer Gesetze gekommenen Adepten handeln würde, aber von der Seele eines gewöhnlichen Menschen dürfte dies kaum zu erwarten sein.

Bei den meisten der spiritistischen Phänomene haben wir es wohl mit noch wenig bekannten intelligenten oder halb intelligenten Kräften in der Natur, mit Traumvorstellungen, Gedankenübertragung und dgl., aber nicht mit den Seelen verstorbener Menschen zu tun.

Aber sollte denn gar kein Verkehr mit den Seelen unserer verstorbenen Freunde möglich sein? Sollten sie sich tatsächlich hinter jenem Vorhang befinden, der unerbittlich das Jenseits vom Diesseits trennt, an jenem Ort, von dem keiner mehr zurückkehrt; sollten sie taub gegen unsere Bitten, unempfindlich für unsere Sehnsucht sein?

Ein Verkehr mit diesen Seelen ist nicht nur möglich, sondern etwas Alltägliches, nur ist dieser Verkehr seiner Natur gemäß ein geistiger, wobei, so wie unter lebenden Menschen, die sich lieben, Seele zur Seele spricht. Die Seele mag ihre Gewänder abstreifen, sie selbst bleibt immer dieselbe. Wir müssen nicht erwarten, dass die Geister der Verstorbenen sich durchs Schlüsselloch in unser Zimmer drängen, um mit uns über Familienangelegenheiten zu reden; aber wenn wir ihnen die Fenster unserer Seele öffnen, so ist der Sonnenschein ihrer Liebe schon da. Goethe sagt:

> „Die Geisterwelt ist nicht verschlossen;
> Dein Sinn ist zu, dein Herz ist tot;
> Auf! Bade, Schüler, unverdrossen
> Die ird´sche Brust im Morgenrot.“

Wenn wir auf der Erde mit einem Freund verkehren wollen, der nicht zu uns kommen kann, so reisen wir dorthin, wo er wohnt. Wenn wir mit den himmlischen Seelen verstorbener Menschen verkehren wollen, so müssen wir sie dort aufsuchen, wo sie wohnen. Ihr Himmel ist kein entfernter Ort, der Himmel ist in uns selbst. Wenn wir durch die Liebe mit der Seele eines anderen Menschen, sei sie auf Erden verkörpert oder in verklärter Gestalt, innig verbunden sind, uns in Gedanken zu ihr versetzen und uns mit ihr identifizieren, so sind wir mit ihr vereint und nehmen an ihren Empfindungen und Vorstellungen teil. Es ist dann dasselbe, als ob diese Seele zu uns gekommen wäre, um sich mit uns zu vereinigen. Mit den astralen Überbleibseln der Toten haben wir nichts zu tun; sie sind ebenso wertlos als die unbrauchbaren Kleider, welche ein Mensch abgelegt hat, selbst wenn diese Überbleibsel durch den Einfluss der Lebenskraft lebender Personen wieder in eine Art von Scheinleben zurückgerufen oder gleichsam galvanisiert werden können. Wir können von diesen Astralleichen nichts Neues lernen, da sie selbst keine neuen Eindrücke aufnehmen können; sie sind nicht die verstorbenen Menschen selbst, sondern nur deren Schatten, die Masken, die die Menschen während des Lebens getragen haben, die Larven, aus denen die Seelen, die Schmetterlinge, entflohen sind. Wäre der

Schmetterling noch in der Puppe in seiner Bildung begriffen, so wäre es sein Verderben, ihn darin zu stören. Als Goethe starb, waren seine letzten Worte nicht das bekannte „Licht, mehr Licht!", sondern nach der Aussage der Anwesenden: „Nun kommt die Wandelung zu höheren Wandelungen." Die Seele eines Verstorbenen geht nach dem Tod durch einen Verwandlungsprozess, der demjenigen des sich in der Puppe bildenden Schmetterlings oder der Entwicklung des Fötus im Mutterleib ähnlich ist; sie befindet sich in einem traumartigen Zustand und nimmt nicht an spiritistischen Sitzungen teil. Ist die Zeit der Reife gekommen, so verlässt der Schmetterling die Puppe, die Seele tritt in ein höheres Dasein ein und lässt ihren Begierdenkörper als geistlose Larve zurück.

Solche Larven werden häufig von anderen Bewohnern der Astralebene, welche unter dem Namen Elementel, Teufel und dgl. bekannt sind, in Besitz genommen. Ein solches Wesen findet in dem Organismus einer Larve eines Verstorbenen alles, was es nötig hat, um als dessen Person aufzutreten und scheinbar unzweifelhafte Beweise für die Identität des angeblichen Geistes zu liefern. Da das Material, aus welchem Gespenster gebildet werden, sehr plastisch ist, so kann auch ein Teufel unter der von ihm angenommenen Maske eines Engels erscheinen, und man darf sich dabei durch salbungsvolle Reden nicht irreführen lassen; denn unter den dem Menschen feindlichen Wesen steckt mancher gute Komödiant.

Häufig übrigens haben gewisse spiritistische Mitteilungen nur in den von einem Sterbenden erzeugten Gedankenbildern ihren Ursprung. Besonders der letzte Wunsch eines Sterbenden kann ein von diesem Wunsch beseeltes Gedankenbild schaffen, das auch nach dem Tod seines Erzeugers noch fortexistiert und gewissermaßen selbsttätig auftreten kann. Ein solches Gedankenbild ist nicht die verstorbene Person, sondern vielmehr eine Emanation derselben. Die Seele einer solchen Erscheinung ist der Wunsch, aus dem sie entsprungen ist. Wird dieser Wunsch erfüllt, so hat diese Seele Ruhe, d. h., der Zweck ihres Daseins ist erfüllt, und es ist mit ihrer Erscheinung vorbei.

Aber es würde uns zu weit führen, wenn wir auf alle möglichen Ursachen von Geistermitteilungen und spiritistischen Phänomenen eingehen wollten; denn dieses Feld ist unendlich weit und noch wenig erforscht. Zu bedauern ist es aber, dass der spiritistische Aberglaube in der neueren theosophischen Literatur wieder Eingang gefunden hat, trotzdem H. P. Blavatsky sich bemühte, demselben ein Ende zu machen.

Wer sich mit den himmlischen Geistern Verstorbener verbinden und an ihrer Seligkeit teilnehmen will, der muss sich zu der Höhe, auf der sie wohnen, erheben. Solange wir im Sumpf wohnen, kommen wir auch nur mit den Bewohnern des Sumpfes in Berührung. Der Sumpf ist durch unseren Egoismus geschaffen, und in ihm bewegen sich diejenigen Formen, welche der Egoismus erzeugt. Da finden sich die übrig gebliebenen Larven, aus denen die himmlische Seele entflohen ist. Ungesättigte Begierden, welche die Seele abgestreift hat, nehmen dort Formen an und bilden das Heer der hungrigen Vampire, die nach Sättigung trachten und sich instinktiv an mediumistisch veranlagte Personen hängen, denen sie Nervenkraft entziehen, um sich selbst zu stärken und am Leben zu erhalten. Üble Gewohnheiten, Habsucht, Rachedurst und dgl. bilden die Geister, welche zu Schwächlingen, in denen sie ähnliche Neigungen finden, angezogen werden, Besessenheit verursachen und zu Verbrechen verleiten; denn der Gedanke, der mit dem sichtbaren Körper auch das Mittel, zur Tat zu werden, verloren hat, sucht nun instinktiv einen anderen lebenden Körper auf, um durch diesen zu wirken. Solche Geister sind nicht die verstorbenen Menschen, sondern die geist- und gewissenlose Summe der niedrigsten Eigenschaften, die ihnen während des Lebens anhingen und welche die freigewordene Seele abgelegt hat. Dieser tierische Geist hat auch nach dem Tod des Körpers noch diejenigen Eigenschaften, die er vorher besessen hat, aber es fehlt ihm nun das Gewissen und die Vernunft. Der Geist des Mörders sucht auch dann noch zu morden, der Geist des Betrügers immer noch zu betrügen, der Geist des Begehrlichen hängt noch an seinen Begierden, der Geist des Orthodoxen noch an seinen Vorstellungen fest. Aber diesen Geistern fehlt der **Geist,** d. h. das individuelle Selbstbewusstsein des verstorbenen Menschen. Sie sind gleichsam Spiegelbilder, durch die Wirkung des Geistes im Materiellen geschaffen; sie haben wohl ein traumhaftes Bewusstsein; aber keine Vernunft.

In jedem Menschen sind die Keime zu allem enthalten; denn sonst wäre er kein vollkommener Sohn der Natur. Ein Mensch, der nicht die Fähigkeit hätte, leidenschaftlich zu werden, hätte auch keine Gelegenheit, sich zu beherrschen und Herr seiner Natur zu werden. Selbst der beste Mensch hat mehr oder weniger Eigenschaften an sich, die seiner niederen Natur angehören, und die, wenn er sie auf der niederen Astralebene zurückgelassen hat, als Vampir Schaden stiften können. Nun ist es in der Natur weislich so eingerichtet, dass mit zunehmendem Greisenalter oder durch eine dem Tod vorhergehende Krankheit die leidenschaftlichen Schwingungen der Seele zur Ruhe kommen, weshalb denn auch solche

Seelen im Frieden ruhen, bis für sie der Tag der Auferstehung erscheint, d. h., bis sie aus dem traumartigen Zustand, den wir mit der Schmetterlingsbildung verglichen haben, entbunden sind und die Seele in den höheren Daseinszustand im Himmel erwacht, wo sie von irdischen Dingen nicht mehr berührt werden kann.

Etwas anderes ist es mit Menschen, die einen plötzlichen oder gewaltsamen Tod erleiden, solange in ihnen noch die Leidenschaften in voller Tätigkeit sind, wozu speziell Selbstmörder, hingerichtete Verbrecher, Ermordete, im Krieg Gefallene und dgl. gehören. Hier bedarf es oft längerer Zeit, bis die Seele des Verstorbenen in den Zustand der Ruhe kommt. Jedem Menschen ist durch seine Natur eine gewisse Menge von Lebensenergie zugemessen, welche die Zeitdauer seines Lebens bestimmt. Die vor ihrer Zeit gewaltsam aus dem zeitlichen Leben gerissene Seele klammert sich instinktiv noch an dieses Leben an. Beim Tod zieht sich der Geist allmählich zurück, aber er steht noch mit dem Irdischen in Verbindung, ähnlich wie nach dem Untergang der Sonne noch das Abendrot die Erde beleuchtet, und er sucht dasjenige, was noch in ihr höherer Natur ist, an sich zu ziehen. Wenn nun diese Seele diesem Lichtstrahl nicht folgt, wenn ihr Streben statt nach oben nach unten gerichtet ist, oder wenn sie in ihrem Traumzustand durch spiritistische Experimente verleitet wird sich dem Sinnlichen wieder zuzuwenden, so kann dies den Verlust ihres unsterblichen Teiles zur Folge haben. Solche Seelen steigen dann nicht zu den himmlischen Höhen empor, sondern sinken hinab.

Wenn die abgeschiedene Seele ihren Traumzustand überwunden hat und, durch das Feuer der Gottesliebe von allen Schlacken gereinigt, ihre Auferstehung im Licht der klaren Erkenntnis feiert, so tritt sie ein in einen Zustand der Seligkeit, den niemand beschreiben, an dem aber die verklärte Seele schon in diesem Leben teilnehmen kann. Alles Dogmatisieren und Klassifizieren von solchen Zuständen hat keinen wirklichen Wert. Es führt nur dazu, das Erhabene und Himmlische in das niedere Gebiet der intellektuellen Spekulation zur Befriedigung der wissenschaftlichen Neugierde herabzuziehen und zu erniedrigen. Wer es nicht fühlt, der wird es mit allen Mitteln der Logik auch nicht begreifen. In ihrem himmlischen Zustand hat die Seele nichts mehr mit irdischen Dingen, Familienangelegenheiten und dergl. zu tun, wohl aber leben in ihr alle die edlen Ideale, die sie während des Lebens gesammelt hat. Die gereinigte Seele bringt in ihren Himmel nur ideale Vorstellungen mit. Diese wachsen und leben und bilden für sie ihre Umgebung, so wie ja auch bei einem jeden

Menschen nur dasjenige seinen geistigen Inhalt bildet, was zu seinem Bewusstsein gekommen ist. Da in ihr keine Anziehungspunkte für das Unreine mehr enthalten sind, so ist sie auch keinen unreinen Einflüssen mehr ausgesetzt. Die selbstsüchtigen Bitten ihrer Angehörigen auf der Erde können sie nicht mehr erreichen, wohl aber steigen deren liebevolle Aspirationen zu ihrem Himmel empor, und der Segen der Himmlischen fällt auf sie nieder.

Dies ist die einzig richtige Art von Spiritualismus, welche wohl von demjenigen Spiritismus zu unterscheiden ist, dessen Anhänger stets bereit sind, die Seelen ihrer lieben Vorangegangenen zu entheiligen, wenn sie glauben, dadurch ihre persönlichen Wünsche befriedigen zu können. Nur Gleiches verbindet sich mit Gleichem; im Heiligen hat das Unheilige keinen Raum. Unheilig aber ist alles, was dem Egoismus und der Habsucht entspringt. Wenn wir warten wollen, bis unser Freund zu uns kommt, so hindert uns dies, ihn zu besuchen. Die Begehrlichkeit trennt die Seelen, die selbstlose Liebe vereinigt sie. Wer etwas zu besitzen wünscht, für den ist seine Person die Hauptsache; er zieht sich dadurch in sich selbst zurück; die wahre Liebe aber ist frei von Eigennutz; sie breitet ihre Arme aus und gibt sich hin, ohne etwas dafür zu verlangen. Indem sie sich selber vergisst und sich hingibt, wird sie eins mit dem Gegenstand ihrer Hingebung und gelangt dadurch in dessen vollen Besitz.

Wir gehören nicht zu jenen Schwärmern, welche den Tod unter allen Umständen als ein freudiges Ereignis betrachten; er ist vielmehr ein Verlust desjenigen Materiellen, welches zu unserer Entwicklung nötig ist. Hat aber der Körper seine Dienste getan und ist er unbrauchbar geworden, dann ist das Verlassen desselben eine Erlösung.

Solange wir nicht zur Vollkommenheit gelangt sind und den verklärten Leib der Unsterblichkeit angezogen haben, wird unsere Seele immer wieder in das materielle Dasein zurückkehren müssen, um aus der Materie neue Kräfte zu schöpfen und in diesem irdischen Jammertal ihre Erziehung zu erhalten, bis sie durch Selbsterkenntnis zur Selbstbeherrschung gelangt. Deshalb ist es auch höchst töricht, wenn ein Mensch dieses irdische Leben unterschätzt und, an statt darin seine Kräfte zu üben, seine Pflichten vernachlässigt, um von einem besseren Jenseits zu träumen. Es steht geschrieben: „Gebt dem Kaiser (dem Irdischen), was des Kaisers, und Gott (dem Ewigen), was Gottes ist." Wer seine Pflichten gegen sich selbst und seinen Nächsten erfüllt und dabei Gott im Herzen nährt, für den wird Gott das weitere besorgen.

Der Tod ist eine Ruhestation auf unserem Weg zur Vollkommenheit; er ist gleichsam die Verdauung nach dem Essen, oder die Erholung nach der Arbeit. Die Bauleute legen beim Anbruch der Nacht ihre Werkzeuge nieder, um selige Träume zu träumen, bis der neue Tag sie zu neuen Pflichten ruft. Lasset sie ruhen in Frieden!

4. Der Verkehr mit den Bewohnern anderer Welten

„In meines Vaters Hause sind viele Wohnungen."

Es zeugt von einem beschränkten Begriffsvermögen, wenn man glaubt, dass die für unsere körperlichen Augen sichtbaren Bewohner unseres Planeten die einzigen lebenden und intelligenten Geschöpfe im Weltall seien. Es gibt Millionen von Sternen am Himmel, von denen jeder ein Sonnensystem darstellt, welches zweifellos seine Bewohner, wenn auch nicht gerade Geschöpfe unserer Art besitzt; und wenn wir nur unser eigenes Sonnensystem betrachten, so finden wir darin außer der Sonne und dem Monde noch verschiedene Himmelskörper und Planeten, von denen unser Planet Erde einer der kleinsten ist. Die Bewegung der Planeten zeugt von Leben, und die in dieser Bewegung herrschende Ordnung zeugt von Bewusstsein und Intelligenz; damit ist aber nichts anderes gesagt, als dass diese Himmelskörper Seelen haben, wie es ja auch nicht anders sein kann, wenn, wie uns die Religion, die Philosophie und sogar die modernste Wissenschaft lehrt, das ganze Universum eine Offenbarung von in der Natur wirkenden geistigen Kräften ist. Wo aber Geist, Seele und Materie vorhanden sind, da wird es auch allen bekannten Naturgesetzen gemäß nicht an entsprechenden äußerlichen Formen und Erscheinungen fehlen, deren Charakter aber verschieden sein wird, je nach den Bedingungen, unter denen sie entstanden sind oder sich entwickelt haben. In uns Menschen auf der Erde sind alle fünf physischen Elemente, Erde (mit ihren chemischen Zusammensetzungen), Wasser, Luft, Feuer (Energie) und Äther zu einem Ganzen verbunden. Wir können uns, wenn wir wollen, als materialisierte Luftgeister betrachten, weil der größte Teil unseres Körpers aus vier Gasen: Sauerstoff, Wasserstoff, Stickstoff und gasförmigen Verbindungen von Kohlenstoff besteht, und wir ohne die Luft, die wir atmen, nicht leben können.
Auch hätte dieser aus fünf Elementen zusammengesetzte Organismus kein Leben, kein Bewusstsein und keine Intelligenz, wenn nicht der alles

durchdringende und alles belebende Geist darin seine Kraft entfalten und offenbaren würde.

Damit ist aber nicht gesagt, dass es in der Natur nicht auch noch andere Geschöpfe gäbe, in denen nur das eine oder das andere Element vorhanden ist, Wesen z. B., für welche das Element der Erde, d. h. die Materie, welche sich uns in ihrer schließlichen Verdichtung als greifbarer Stoff darstellt, dasselbe ist, was für uns die Luft ist, oder andere, die nur aus dem Geiste des Wassers, der Luft, des Feuers oder aus Äther gebildet sind und deren Lebenselement diese unsichtbaren Substanzen bilden. Dass es sogar Formen gibt, welche ganz aus Gedankenstoff gebildet sind, wird heutzutage nur noch von ganz unwissenden Menschen bestritten, und jeder, der schon einmal geträumt hat, hat sich davon überzeugt.

Jeder Mensch und auch jedes aus der Natur geborene Ding hat seinen Astralkörper, welcher auch materiell, aber aus feinerem Stoffe als der grobmaterielle Körper gebildet ist. Ohne das Vorhandensein der Astralmaterie könnte der Geist sich nicht mit der groben Materie verbinden. Der Astralleib bildet das verbindende Glied zwischen Geist und Körper; der äußerlich sichtbare Körper ist tatsächlich nur ein Produkt, ein Ausdruck oder Ebenbild (mehr oder weniger eine Karikatur) des Astralkörpers, weshalb der letztere auch als Doppelgänger bezeichnet wird.

Die sogenannten spiritistischen Phänomene, Spukerscheinungen, Gespenstermaterialisationen und dergl. liefern täglich objektive Beweise vom Dasein des Astralkörpers, aber der beste Beweis ist derjenige, den ein Mensch sich selber liefert, wenn er sein Bewusstsein in seinen Astralkörper versetzen und darin unabhängig vom physischen Körper auftreten und handeln kann. Solche Exteriorisationen sind wissenschaftlich untersucht und heutzutage nichts Neues mehr.

Da nun diese Astralkörper, wie die Erfahrung lehrt, unabhängig vom physischen Körper existieren können und der eigentliche Sitz des Lebens sind, von dem der physische Körper sein Leben als eine Reflextätigkeit erhält, und da ferner jedes Wesen, sei es intelligent oder unvernünftig, seinen Astralkörper besitzt, so eröffnet uns das Verhältnis dieser Dinge den Blick in eine neue und größere Welt, nämlich in die astrale oder übersinnliche Welt, die ebenso wie die unsrige ihre unzähligen und verschiedenartigen Bewohner hat, von denen viele ohne Bewusstsein oder nur von ihren Instinkten geleitet, andere von hoher Intelligenz, manche von göttlicher Weisheit und Güte erfüllt, andere die Personifikationen von grenzenloser teuflischer Bosheit sind, und zwischen diesen Extremen sind die verschiedenartigsten Abstufungen und Gradationen. Da nun jeder Mensch einen Astralkörper hat, der eine dem physischen Körper ähnliche Organisation besitzt, so kann auch jeder Mensch, wenn es ihm gelingt, sein Bewusstsein in seinen Astralkörper zu versetzen, mit der Astralwelt in wissentliche Verbindung treten und die daselbst vorhandenen Dinge wahrnehmen; denn hierdurch eröffnen sich seine inneren (astralen) Sinnesorgane, während dort, wo kein Bewusstsein ist, auch keine Wahrnehmung stattfinden kann. Die meisten Menschen haben ihre inneren Sinne noch nicht geöffnet und sind daher nicht fähig, die Bewohner der Astralwelt zu sehen, wohl aber kommen ihnen die unsichtbaren Einflüsse aus der Astralwelt mehr oder weniger durch das Gefühl zum Bewusstsein. Man fühlt die Gegenwart solcher Einflüsse, auch ohne ihre Ursachen zu erblicken. Sie rufen in uns bestimmte Gemütszustände, jeder nach seiner Art, sei es Gedrücktheit, Furcht oder irgendeine andere nicht von äußerlichen oder körperlichen Zuständen verursachte Stimmung hervor. Tatsächlich sind Grübler, Schwärmer und Phantasten, Hypochonder und hysterische Personen, Irrsinnige und überhaupt alle, welche mehr oder weniger in einem Zustande beständiger teilweiser Exteriorisation des Astralkörpers leben, solchen wechselnden Stimmungen unterworfen. Hierzu gehören vor allem spiritistische Medien aller Art. Manche empfinden wohl, aber sie sehen nichts; andere sehen, aber haben für das, was sie sehen, nicht das richtige Verständnis; wieder andere sehen nur die Erzeugnisse ihrer eigenen Phantasie, und aus diesem Mischmasch von Offenbarungen kommt oft der größte Unsinn zu Tage.

Die unserer physischen Welt zunächst liegende astrale Region ist wie jene auch eine objektive Welt, und ihre Formen sind aus Atomen und Molekülen zusammengesetzt, wenn sie auch ihrer Feinheit und Unsichtbarkeit halber als geistig bezeichnet werden. Aber außer dieser objektiven Traumwelt findet jeder Mensch auch noch eine rein subjektive Region in seinem Inneren, in welcher keine Formen gesehen werden, aber in welcher er das Dasein von höheren Prinzipien und Kräften, Glaube, Liebe, Hoffnung, Gerechtigkeit usw. erkennt, und da der Mikrokosmos des Menschen ein Abbild des Makrokosmos ist und in seiner kleinen Welt nichts wirken kann, was nicht im großen Ganzen vorhanden ist, so ist es klar, dass auch in unserem Sonnensystem solche Regionen existieren, in denen solche formlose Kräfte oder Prinzipien zu Hause sind. In Wirklichkeit sind alle körperlichen Gegenstände nichts anderes als die Produkte und Symbole formloser Kräfte. Der Stoff, aus dem Felsen oder Bäume entstanden sind, ist im Grunde genommen ebenso formlos als Geist. Alles in der Welt kommt aus dem Nichtoffenbaren hervor und kehrt wieder zu diesem zurück. Gleiches zieht Gleiches an und verbindet sich mit ihm, Körper mit Körper, Seele mit Seele, Geist mit Geist, und das Gröbere wird von dem Feineren durchdrungen.

Stellen wir uns (was wir auch mit Recht können) jeden Körper als eine sichtbare Konzentration unsichtbarer Kräfte vor, welche aber auch außerhalb seiner Peripherie existieren, ähnlich wie die Luft nicht nur in die Tiefen der Erde dringt, sondern auch den ganzen Erdball umgibt, so ist es klar, dass wir die Eigenschaften dieser Kräfte kennenlernen können, auch ohne dass wir mit dem betreffenden Körper selbst in Berührung kommen. So kennen wir z. B. die erwärmenden und lichtbringenden Eigenschaften der Sonne, ohne dass wir in die Sonne selbst fliegen, und da die Sonne auch ihren Astralkörper und ihre Seele hat, so können wir, wenn unsere geistigen Sinne geöffnet sind, auch ihre geistigen Eigenschaften erkennen. Vielleicht finden wir dann, dass das Dasein der sichtbaren Sonne der beste Beweis für das Dasein Gottes im Weltall ist.

Der größte Irrtum entsteht durch die Nichtunterscheidung von Wesen und Form. Wenn wir uns die Planeten unseres Sonnensystems als Kugeln vorstellen, die in keiner geheimen Verbindung miteinander stehen, so ist es undenkbar, dass wir jemals mit den Bewohnern derselben in Verbindung treten können; aber die Planeten sind nur die sichtbaren Verkörperungen allgemein verbreiteter unsichtbarer Kräfte; sie sind gleichsam Akkumulatoren derselben. Die Sonne ist überall, wir leben mitten in ihrem Element, ähnlich wie der Fisch im Wasser oder der Vogel in der Luft; aber wir sehen nur das leuchtende Gestirn am Himmel, das feurige Zentrum und die Verkörperung dieses universellen Prinzips. Wir selbst sind von diesem Sonnengeist durchdrungen und können aus dessen Wirkungen in uns selbst auf den Charakter der Bewohner der Sonne gewisse Schlüsse ziehen, da wir ja selbst solche Bewohner sind.

Wir können ebenso gut sagen, dieses oder jenes Ding ist der Kern einer dasselbe umgebenden Atmosphäre oder Aura, welche den gleichen Charakter hat, und der Kern ist durch Konzentration aus dieser gebildet, als dass wir sagen, der Kern strahlt eine Atmosphäre aus, die seinen Charakter trägt, wie es z. B. durch das Spektroskop nachweisbar ist. Das eine bedingt das andere; es findet überall, wo Leben ist, Einatmung und Ausatmung statt. Der Mond ist überall und auch in uns selbst; wir leben in der Substanz, aus welcher sein sichtbarer Repräsentant am Firmamente gebildet ist, und da Gleiches das Gleiche anzieht, so können wir dessen geistige Einflüsse in uns empfinden. Desgleichen existieren in unserem Sonnensystem andere allgemein verbreitete geistige Kräfte, welche die Alten mit den Namen Jupiter, Merkur, Mars, Venus, Saturn usw. bezeichneten, und deren äußerliche Symbole am Firmamente sichtbar sind. Dieselben Kräfte sind in uns selbst als Prinzipien vorhanden und werden durch entsprechende, von außen kommende Einflüsse angeregt und gestärkt. Alle diese Einflüsse sind gleichzeitig vorhanden, aber je nach den Stellungen der Himmelskörper ist bald der eine, bald der andere stärker, wie ja auch in einem Konzerte, in welchem viele Instrumente mitwirken, bald das eine oder das andere stärker tönt. Am Mittag ist der Einfluss der Sonne stärker, des Nachts der Mond, und so ist es auch mit den anderen Himmelskörpern, deren geistige und ätherische Schwingungen beim Menschen Eingang finden. Deshalb nennt man z. B. Jupiter-Menschen diejenigen, welche viel Sinn für das Erhabene, Mächtige, für Kunst und dergleichen haben. Menschen, in denen Mars vorherrschend ist, sind energisch und oft streitsüchtig, Venus macht die Menschen zur Verliebtheit geneigt, Merkur gibt gute Berechnung, Saturn Anlage zur Mystik; der Mond ist das Reich der Träume und Phantasie in uns und überall.

Solche Einflüsse wirken besonders bestimmend auf den Menschen bei seiner Geburt, und deshalb kann ein guter Astrolog, wenn er den Charakter eines Menschen kennt, auch wissen, unter welchen Zeichen des Tierkreises und unter was für planetarischen Einflüssen derselbe geboren ist, oder er kann aus dessen Horoskop seine Anlagen und Neigungen kennen. Dies gehört jedoch in das Gebiet der Astrologie und liegt außerhalb des Feldes dieser Betrachtung.

Wenn wir nun die astralen Einflüsse eines Gestirns (astrum) kennen, so liegt es nahe, aus diesen auf die Beschaffenheit der aus ihren Eigenschaften geborenen Formen zu schließen, weil die Form eines Geschöpfes mehr oder weniger dem Charakter seines Wesens entspricht. Nehmen wir z. B. den Mond, so hat der sichtbare Mond zwei Hälften, wovon eine niemals von der Sonne beschienen wird. Der sichtbare Mond ist aber das Symbol des Reiches der Träume, Illusionen und Phantasie, und wenn die letztere nicht von dem Lichte der Sonne der Weisheit beleuchtet wird, so herrscht in ihr Dunkelheit, Unwissenheit, Irrtum, Leidenschaft usw., aus denen besonders in der Konjunktur mit Venus-Einflüssen Bilder der Lust und Grausamkeit geboren werden, weshalb man auch sagt, dass die dunkle Seite des Mondes eine Hölle sei, die von Drachen und giftigen Schlangen und Ungeheuern aller Art bewohnt sei. Diese Hölle mit ihren Bewohnern existiert in den Menschen selbst, im Mond ihrer eigenen Phantasie, und durch sie werden die Menschen zu Tyrannei, Krieg und Verbrechen jeder Art angeregt. Ob die dunkle Seite des sichtbaren Mondes entsprechende astrale Bewohner hat, darüber sind die Gelehrten noch nicht einig.

Wenn man auch aus den geistigen Kräften, die einem **Planeten entströmen**, auf die geistige Beschaffenheit von dessen Sphäre Schlüsse ziehen kann, so kommen doch bei der Bildung der körperlichen (physischen) Erscheinung der Bewohner eines sichtbaren Planetenkörpers noch andere Umstände in Betracht, nämlich die Stufe der Entwicklung, welche der materielle Planet erreicht hat, und die individuelle Entwicklung der einzelnen. Um uns darüber Aufklärung zu verschaffen, dazu sind wir auf die Aussagen hellsehender Personen oder solcher, welche mit den Bewohnern der Astralwelt verkehren können, angewiesen. Solchen Aussagen zufolge sind die Bewohner des Planeten Mars noch sehr in ihrer Entwicklung zurück; sie gehen zum Teil auf allen Vieren, und wir können uns mit ihnen in keine Verbindung durch Zeichen setzen, weil sie nicht hinreichend Intelligenz haben, um diese Zeichen zu verstehen. Dies ist auch nicht zu verwundern, weil Mars das Element der tierischen Begierden im Menschen (Kama) repräsentiert. Die Bewohner des Merkur sollen wie riesige Affen aussehen usw. Aber alle dergleichen Aussagen, von denen man nicht weiß, ob sie wahr oder Erzeugnisse der eigenen Phantasie sind, haben keinen Wert; denn mit Bestimmtheit kann man nur dasjenige wissen, was man selber erfahren hat, und Spekulationen dieser Art sind müßige Spielerei.

Alles wahre Erkennen beruht auf der Vollkommenheit des mystischen Dreiecks, d. h. in dem Einswerden des Erkenners mit dem Erkannten und der Kraft der Erkenntnis. Wollen wir den Geist eines Dinges kennen lernen, so müssen wir denselben in uns aufnehmen und danach streben, ihn zu erkennen. Nur so ist ein geistiger Verkehr mit den Geistern möglich. Die äußere Erscheinung ist ein nebensächliches Ding.

Anhang: Der Verkehr mit der Geisterwelt –
aus „Weiße und schwarze Magie"

„Die Geisterwelt ist nicht verschlossen;
Dein Sinn ist zu, dein Herz ist tot."

Goethe „Faust".

Es herrscht ein Gesetz des Geistes in der Natur, nach dem sowohl in der sinnlichen als auch in der übersinnlichen Welt sich gleiches mit gleichem zusammenfindet; Materie wirkt auf Materie ein, Empfindungen stoßen Empfindungen ein, Gedanken verbinden sich mit Gedanken, geistige Schwingungen rufen ähnliche geistige Schwingungen hervor. Wir selbst sind Geister, die einen materiellen Körper bewohnen, und wir können uns deshalb mit allen Wesen, sei es durch geistige Ausstrahlungen, durch Gedanken oder seelische Wirkungen, oder durch materielle Berührung verbinden. Ein übersinnlicher Verkehr unter den Menschen ist nicht nur möglich, sondern, ebenso wie die Ferntelegraphie, eine allgemeine, bekannte Tatsache; er findet täglich und überall statt, und wenn wir äußerliche Mittel, Sprachen, Schreiben usw. anwenden, um uns gegenseitig zu verständigen, so ist daran nur die Stumpfheit unserer Fähigkeit, geistige Eindrücke in uns aufzunehmen und sie klar zu erkennen, schuld. Wenn zwei Personen harmonisch zueinander gestimmt sind, so bedürfen sie nicht vieler Worte, um sich gegenseitig zu verstehen, wie ja auch das Sprichwort sagt:

„Zwei Seelen und ein Gedanke,
Zwei Herzen und ein Schlag."

Wo dagegen diese Harmonie nicht vorhanden ist, sondern Zweifel und Misstrauen herrscht, da wird oft das Missverständnis trotz aller Auseinandersetzungen nur noch größer. Die Sprache sollte eigentlich nur dazu da sein, dem direkten Gedankenaustausch zu Hilfe zu kommen. Sogar Tiere verstehen den Gedanken ihres Herrn, und ein Mensch, der keine Intuition hat und keine sinnlichen Eindrücke empfinden kann, sondern dem man alles erst lange auseinandersetzen muss, was man von ihm haben will, wird mit Recht stumpfsinnig und unbeholfen genannt. Jeder Mensch ist beständig geistigen Einflüssen ausgesetzt und auch solchen, deren

Ursprung er nicht kennt. Gedanken, Gefühle und Vorstellungen treten in uns auf, ohne dass wir es wollen; manche lassen sich nicht leicht verscheuchen, und wir selbst senden Gedanken in die Weite, die, ohne dass wir es wissen, an anderen Orten Eingang finden. Ein der Telepathie oder Fernwirkung des Gedankens zweifelt heutzutage kein Gebildeter mehr, und es steht jedem frei, sich durch eigene Versuche von dem Vorhandensein dieser Wirkung, bei der die örtliche Entfernung kaum eine Rolle spielt, zu überzeugen.

Aber nicht nur empfangen wir geistige Einflüsse von lebenden Menschen, sondern jedes Ding, sei es groß oder klein, hat seine geistige Atmosphäre; jeder Ort hat seinen speziellen Charakter, dessen Eindruck nicht wissenschaftlich beschrieben und nachgewiesen, aber wohl empfunden werden kann. Auch stellt jeder einmal in das Dasein getretene Gedanke oder eine Reihenfolge davon eine geistige Kraft oder einen Gedankenstrom dar, mit dem ein Mensch sich in Verbindung setzen kann. Wenn ich fähig bin, mich in den Geist und die Denkweise eines anderen Menschen zu versetzen, sei er lebendig oder tot, so werde ich von seinem Geiste erfüllt und denke wie er, ohne dass deshalb die Person des betreffenden Menschen irgendetwas mit der Sache zu schaffen hat. Kann ich mich z. B. in den Geist Goethes versetzen, so kann ich in seinem Geiste schreiben, ungefähr so wie er; kann ich mich zu Gott erheben und in seinen Geist eingehen, so erfüllt mich der heilige Gottesgeist, und ich wirke in diesem Geiste und durch ihn. Was geistlos geschieht, hat wenig Wert. Wer ein guter Künstler werden will, der muss fähig sein, den Geist seiner Kunst zu erfassen; geht er in diesen Geist ein, so wird er davon erfüllt. Wer eine Kunst, eine Profession oder auch nur ein Handwerk ohne Liebe dazu, und folglich ohne Geist, nur zu habsüchtigen Zwecken, zum Gelderwerb oder zur Befriedigung seiner Eitelkeit ausübt, der wird es darin schwerlich weit bringen. Wer das Ideale nur um des Idealen willen begehrt, der ist auf dem Wege zu dessen Verwirklichung. Der Egoismus stößt zurück, die Liebe führt alles zusammen.

Es gibt vielerlei geistige Ausstrahlungen in der Welt, und wir wollen nun einige davon flüchtig betrachten.

A. Geistiger Verkehr zwischen lebenden Menschen.

Da wir von einem äußerlichen Gegenstande nichts wissen können, als was von ihm in unserem Bewusstsein existiert, d. h. die Eindrücke, die wir von ihm empfangen, so ist eigentlich aller Verkehr ein geistiger, und die äußeren Sinne dienen nur dazu, um ihn zu unterstützen, d. h. um diese Eindrücke unserem eigenen Innern zugänglich zu machen. Aber ein solcher Verkehr kann auch ohne die äußeren Sinne stattfinden. Je kräftiger der Geist eines Menschen ist, d. h. je mehr der Mensch Willenskraft, Selbstbewusstsein und Konzentration besitzt, umso kräftiger kann er seine Gedanken in die Ferne senden, und je seelenvoller und empfänglicher der Empfänger ist, umso besser kann er die Botschaft empfangen. Es gibt vielleicht wenige, die nicht schon die Erfahrung gemacht haben, dass sie es fühlen, wenn ein abwesender Freund an sie denkt, und nicht selten kommen dann Briefe an, die diesen Eindruck betätigen. Die Eindrücke, die wir von einer anderen Person erhalten, sind ein Teil ihrer selbst. Sie sind ihre Ausstrahlungen, und aus ihnen wird das subjektive Bild in unserem Innern aufgebaut. Wenn auf diese Weise das ideale Bild eines geliebten Menschen in unsere Seele getreten ist, so steht dieses Bild mit seinem Originale, selbst wenn uns Meere von ihm trennen, dennoch in einem ähnlichen Zusammenhang wie ein Lichtstrahl der Sonne mit der Sonne selbst, und indem wir mit diesem Bilde verkehren, treten wir in Verbindung mit dem Originale. Je klarer das Bild des einen in der Seele des anderen gestaltet ist, um so mehr werden sie sich gegenseitig geistig erkennen und ihre Empfindungen teilen, und da aus dem Gefühle der Gedanke entspringt, so können auch ihre Gedankenschwingungen dieselben sein. Die Kraft, die die Bilder in unserem Innern belebt, ist die Liebe; sie ist das Leben von allem. Deshalb verstehen Liebende sich gegenseitig auch ohne zu sprechen und können ein Herz und eine Seele sein.

Auf diese Weise werden auch die Ideale in unserem Innern lebendig und können sogar objektiv äußerlich hervortreten. Wenn sich z. B. ein frommer Mensch Jesus von Nazareth als sein Ideal gewählt, es mit allen Tugenden und Kräften, die er zu empfinden fähig ist, ausgestattet und es durch seine feurige Liebe belebt hat, so gestaltet sich dieses Ideal für ihn zur Wirklichkeit, und er kann mit dieser seiner Schöpfung verkehren; sie ist tatsächlich ein Teil seiner selbst, und zwar aus seinen edleren Seelenregionen entstanden, und hebt ihn empor, einerlei, ob eine solche Person früher auf Erden gelebt hat, oder ob sie nur eine Personifikation erhabener Vorstellungen ist. Somit hat auch der Glaube an einen historischen Welterlöser eine erlösende Kraft. Die Liebe zum Idealen führt zu dessen Verwirklichung in uns selbst.

Der Mensch wird am Ende selbst das, was er liebt und denkt. Er wird eins mit dem Gegenstande, mit dem er sich identifiziert. Wenn zwei Seelen sich gegenseitig lieben und harmonisch zusammengestimmt sind, so sind sie beisammen, selbst wenn ihre Körper Tausende von Meilen voneinander entfernt sind; wenn sie sich aber gegenseitig nicht verstehen, so sind sie getrennt, selbst wenn sich ihre Körper gegenseitig umarmen.

Der Gedanke eines Menschen ist ein Teil seiner selbst. Wenn ich einen Gedanken in die Ferne sende oder er unwillkürlich der von einem fernen Orte kommenden Anziehung folgt, so geht dieser Teil meiner selbst gleich einem von der Sonne ausgehenden Lichtstrahle an diesen Ort, und wenn ich selber zu einem über dem physischen Plane erhabenen, vom sichtbaren Körper unabhängigen Bewusstsein gelangt bin, so kann ein Strahl meines Bewusstseins diesen Gedanken beleben, und ich kann an dem fernen Orte selbst bewusst wirken. Bin ich aber selbst noch nicht über das Traumbewusstsein erhaben, so wird mir auch diese Erfahrung nur wie ein Traum vorkommen.

Dem Gedanken entspricht die Form. Wenn ich einen Gedanken irgendwo hinsende, so bildet er dort gleichsam einen Gedankenkörper, der meiner Person gleicht, oder der Gedanke ruft in dem Empfänger selbst die Erinnerung an mich und damit auch das Bild meiner Person in ihm hervor. Wie oft tritt ohne eine erkennbare Veranlassung der Gedanke an diesen oder jenen Bekannten lebhaft in uns auf, weil der Betreffende gerade zu derselben Zeit an uns gedacht hat! Alles das sind alltägliche Vorkommnisse. Seltener sind die so genannten Gespenstererscheinungen lebender Personen, die eben nur ein höherer Grad der Fernwirkung des Gedankens sind. Über dergleichen Dinge besteht bereits eine große Literatur, und es ist nicht nötig, in diesen Blättern weitere Beispiele davon anzuführen. Wenn der geistige Fernverkehr zwischen lebenden Personen noch nicht vollkommen ist, so ist die Ursache davon, dass die Menschen die ihnen innewohnenden Kräfte noch nicht hinreichend kennen und sie nicht genügend zu gebrauchen verstehen, weshalb man sich äußerlicher Mittel bedient.

B. Geistiger Verkehr mit Verstorbenen.

Requiescant in pace – Sie mögen in Frieden ruhen.

Da der leibliche Tod nichts anderes ist, als ein Aufhören der äußerlichen Lebenstätigkeit, ein Abstreifen des irdischen Körpers und der Verlust seiner

Funktionen, wobei sich aber die Seele des Menschen nicht Wesentlich ändert, so lässt sich auch vieles, was über den geistigen Verkehr unter den Lebenden gesagt worden ist, auf den geistigen Verkehr mit den Seelen entkörperter Menschen anwenden; jedoch sind hierbei verschiedene Umstände in Betracht zu ziehen, die von dem Zustande des Menschen nach dem Tode des Körpers abhängig sind. Das Höchste im Menschen, die geistige, unsterbliche Liebe, überdauert das Grab, und wenn Menschen in dieser Liebe miteinander verbunden sind, so kann sie auch der Verlust des Körpers nicht trennen; ihre Seelen sind eins in dieser geistigen Kraft, die in ihnen zum Selbstbewusstsein gekommen ist, und ihre Gefühlsschwingungen wirken aufeinander ein. Ein solcher Verkehr ist aber ein geistiger und hat nichts mit Tischklopferei und Spiritismus zu tun; er kann verglichen werden mit zwei verschiedenfarbigen Lichtstrahlen, die sich gegenseitig vermengen, oder mit zwei Tönen, die harmonisch zusammenklingen. Die abgeschiedene Seele, die in den reinen Akkorden lebt, wird von den Disharmonien des Niederen nicht mehr berührt.

Etwas anderes ist es mit den niederen Elementen, die die scheidende Seele auf der Erde oder in der Mittelregion (Astralwelt) zurückgelassen hat oder abzustreifen im Begriffe ist, und um uns hierüber klar zu werden, ist es nötig, die Zustände der Seele, die nach dem Tode eintreten, zu betrachten.

Diese Zustände der Seele werden nach dem Tode voraussichtlich dieselben sein, wie sie es vor ihrem Abscheiden waren, und man kann sich davon vielleicht eine Vorstellung machen, wenn beim Einschlafen das Gehirn zur Ruhe kommt und das Denkvermögen den Körper verlässt; denn auch da zieht sich der Geist in sein Inneres zurück, und es treten die Seelenempfindungen mit den aus ihnen entspringenden Traumvorstellungen um so deutlicher hervor. Da treiben schließlich nur mehr die unvernünftigen Instinkte ihr Spiel, bis auch in diesen niederen Regionen das Bewusstsein schwindet und der Körper schläft. Dagegen gibt es Menschen, die zum völligen geistigen Selbstbewusstsein erwacht sind, und die folglich geistig selbstbewusst sind, während der Körper schläft. Von solchen sagt die Bhagavad Gita: „Was für andere Wesen Nacht ist, das ist für den, der im Lichte der Weisheit wohnt, der wachende Tag, und was andere für Wachen hatten, das ist für ihn Schlaf."

Bei manchen, die auf einer gewissen Stufe der Entwicklung sind, geht das Bewusstsein während des Schlafes auf den Astralkörper über, und sie können in ihm handelnd auftreten. Bei diesen sind wieder die zu unterscheiden, die beim Erwachen, eine Erinnerung davon mitbringen und die, die dieser Erinnerung nicht fähig sind, weil ihr materielles Gehirn auf die erhaltenen feineren Eindrücke in der Traumwelt nicht reagiert.

„Der Schlaf ist der Bruder des Todes." Wie es verschiedene Zustände der Seele während des Schlafes des Körpers gibt, so wird es auch verschiedene nach dessen Verlassen im Tode geben, und manche davon mögen wohl denen ähnlich sein, die Dante in seiner „Divina Comedia" beschrieben hat; denn was dem wachenden Menschen nur wie ein Traum erscheint, das ist für den, der in seinem Traumkörper lebt, Wirklichkeit.

Im Allgemeinen wird darüber folgendes gelehrt. Wenn die Seele vom Leibe entbunden und noch nicht vom Gottesgeiste durchdrungen ist, so zieht sich der Geist in sein Inneres zurück, und die Seele, der jetzt der Astralkörper als Umhüllung dient, tritt in die Astralregion, die auch die Traumwelt genannt wird, ein, die aber keine von unserer Welt getrennte Sphäre ist, sondern sie umgibt und durchdringt. Da verfällt sie bald in einen traumartigen Zustand, in dem, wie Sankaracharya sagt, die Seele alles das, was sie im wachen Zustande in sich aufgenommen hat, sich wiederholen sieht, hört und empfindet. Da treten vor allem die niedersten Schwingungen, d. h. die mitgebrachten Eindrücke, Instinkte, Gewohnheiten und Leidenschaften an die Oberfläche, und die Seele wird sich besonders mit dem beschäftigen, das sie in ihren lebten Augenblicken am stärksten beeindruckt hat. Der Traumkörper wiederholt instinktiv die Taten, die der Geist in seinem physischen Körper vollbrachte. Der Selbstmörder wiederholt seinen Selbstmord, bis dass der Impuls, der ihn hierzu getrieben hat, erschöpft ist; der hingerichtete Verbrecher wird auch im Jenseits immer wieder hingerichtet; der in der Schlacht gefallene Soldat kämpft weiter fort; der Gelehrte grübelt über seinen Büchern, der Philosoph vertieft sich in seine Philosophie; der Selige geht in seinen Zustand der Seligkeit ein.

Dieser Zustand, während dessen die niederen Schwingungen sich erschöpfen und sich die Geburt des Geistes in einen höheren Zustand vorbereitet, ist ein Reinigungsvorgang, vergleichbar mit der Entwicklung des Kindes im Mutterleibe, und es ist ebenso, ja noch viel mehr verbrecherisch, die Seele in dieser Entwicklung zu stören und sie wieder zur Teilnahme an irdischen Interessen herabzuziehen, als die physische Frucht im Mutterleibe zu zerstören; denn während im letzteren Falle nur eine Wiederverkörperung gehindert wird, wird in jenem Falle der Seele eine verkehrte Richtung gegeben und die Geburt in das höhere Dasein gehindert, wenn nicht unmöglich gemacht. Deshalb steht auch geschrieben: „Lasset die Toten in Frieden ruhen", und die Kunst der Nekromantie wird als schwarze Magie und Teufelskunst bezeichnet und in allen Religionssystemen aufs strengste verboten (vgl. die *Evokation* von Franz Bardon. Der Hrsg.).

Glücklicherweise hat der gewöhnliche Spiritist weder die Kenntnisse noch die Kraft, die Seelen verstorbener Menschen zu beunruhigen oder sie zu erwecken, und die so genannten Geister, die bei spiritistischen Sitzungen die Gespenster Verstorbener personifizieren, haben nichts mit den Seelen dieser verstorbenen Menschen, sondern höchstens mit deren astralen Larven zu tun. Diese Larven oder Überbleibsel sind die Hüllen, die die Seele zurückgelassen hat, nachdem sie ihren Reinigungsprozess beendet hat und in ihren himmlischen Zustand eingegangen ist, in dem sie keine niederen Gedankenschwingungen mehr erreichen können, und in dem sie folglich allen spiritistischen Quälereien oder magischen Zeremonien unzugänglich ist. In diesen zurückgelassenen Überbleibseln schlummern vielleicht noch zur Ruhe gekommene niedere Eindrücke und Erinnerungen und können durch den Einfluss der Nervenkraft eines Mediums wieder erweckt werden, ähnlich wie in einem frischen Leichname durch Anwendung von Elektrizität wieder Muskelbewegungen eintreten und er in eine Art von Scheinleben zurückgerufen werden kann. Wird ein Medium von einer solchen Larve besessen, so teilt es ihr Nervenkraft mit und setzt die darin noch enthaltenen Kräfte wieder in Bewegung. Von einer Aufnahme neuer Ideen in einer solchen Astralleiche kann nicht die Rede sein, und in der Regel ist sie nur ähnlich wie ein Spiegel, der das, was in dem Geiste der Anwesenden enthalten ist, widerspiegelt und wiedergibt.

Wenn man erkennt, dass alles, was der Mensch durch sein Empfinden, Denken, Sprechen und Handeln schafft, einen Geist, d. h. eine Summe von Kräften schafft, die im Astrallichte, der Gedächtniskammer der Welt, fortexistiert, so ist es auch leicht, einzusehen, dass man mit dem, was ein Mensch geistig geschaffen hat, zu tun haben kann, ohne dass die Seele des Verstorbenen dabei beteiligt ist. Ein Beispiel aus Tausenden wird das vielleicht klarmachen:

Bei gewissen spiritistischen Sitzungen kam häufig der angebliche Geist eines verstorbenen Pfarrers und hielt jedes Mal ein und dieselbe salbungsvolle Predigt, die er aber an einer bestimmten Stelle immer unterbrach, und es war dann nichts mehr aus ihm herauszubringen. Es stellte sich heraus, dass der betreffende Pfarrer wirklich gelebt und diese Predigt gehalten hatte, aber an der erwähnten Stelle seines Vortrages auf der Kanzel vom Schlage gerührt worden und gestorben war.

Allen solchen Geistern fehlt es an Geist. Sie sind geistlose Hüllen und gleichsam die zurückgelassenen Gewänder und Masken, die die befreite Seele abgestreift hat, und diese werden häufig von anderen Bewohnern des Astralplanes benützt, um darin zu paradieren und neugierige Forscher zum Besten zu halten. Wie stände es auch um den Himmel der Seligen, wenn die freigewordene Seele, deren Erdenleben wie ein Traum verschwunden ist, noch ferner an den oft sehr traurigen Schicksalen ihrer Hinterbliebenen teilnehmen müsste oder sich die Zeit damit vertreiben sollte, Tische zu rücken oder als Gespenst ihre Familie zu erschrecken?

Wenn es aber nutzlos ist, auf dem Wege des Spiritismus einen Verkehr mit den Seelen der Verstorbenen zu versuchen, so sind diese Versuche andererseits Verderben bringend für das Medium; denn ein Medium im gewöhnlichen Sinne ist ein Mensch, der dem höchsten Gute, das er besitzt, nämlich seinem freien Willen und seiner Selbstbestimmung entsagt, um als ein hilfloses Werkzeug niederer astraler Einflüsse zu dienen; er ist wie ein Hypnotisierter, der unter der Herrschaft eines fremden Willens steht, und das Endresultat seiner Bemühungen ist der Verlust seiner Seele, d. h. seiner Individualität.

Die freigewordene Seele im Himmel ist keinen feindlichen Eingriffen mehr ausgesetzt; dennoch gibt es ein Mittel, sie zu erreichen. Dieses Mittel ist die Kraft der selbstlosen Liebe. Wer sie in uneigennütziger Weise, um von ihr Tröstungen oder Nachrichten zu empfangen, zu sich herunterziehen will, der wird vergebens zu ihr flehen; aber wer in der Kraft der geistigen Liebe sich zu ihr erhebt und sich mit ihr vereinigt, der nimmt an ihrem himmlischen Leben, an ihrem Empfinden und ihrer Seligkeit teil. Die Macht der Liebe durchdringt Himmel und Erde; sie wirkt auch auf die noch an die Erde gebundenen Seelen sowie auf die Lebenden ein. Deshalb kann man auch den noch im Läuterungszustande befindlichen Seelen in ihrer Entwicklung beistehen, nicht durch geistloses Gebet oder Äußerlichkeiten, wohl aber durch liebevolle Gedanken und durch den Segen, der als geistige Kraft aus dem Herzen der Lebenden kommt; denn die Seele des Menschen geht ein in das Wesen dessen, den sie liebt, und ihre himmelwärts strebenden Aspirationen ziehen die leidende Seele mit sich empor. Die Liebe fuhrt uns nicht nur ins Reich der Geister, sondern hinauf bis zu Gottes Throne.

C. Der Verkehr mit den Geistern der Natur.

„In meines Vaters Haus sind viele Wohnungen." Joh. XIV, 2.

„Ich habe auch noch andere Schafe,
die nicht aus diesem Stalle sind. Joh. X, 16.

Wenn wir einsehen, dass alles im Universum aus dem Worte Gottes gemacht, und dass dieses Wort der Geist und das Leben ist, so folgt auch daraus, dass jede Geburt der Natur, sei sie für uns sichtbar oder unsichtbar, Geist und Leben hat. Jede stellt eine Summe von lebendigen Kräften vor und in diesen wirkt der schaffende Geist. Somit ist jeder Stein oder Kristall, jede Pflanze, jedes Tier in seinem innersten Wesen ein Geist. Der Chemiker kennt die Eigenschaften der Geister, die in den Atomen der Materie wirken, ihre Neigungen und Abstoßungen, Anziehungen, Verwandtschaften und Gegensätze, und der Gärtner weiß von den Liebhabereien und Gewohnheiten der Pflanzen zu sprechen, während unter den Tieren die geistigen Eigenschaften noch deutlicher sich aussprechen.

Es gibt somit unzählige Millionen von sichtbar verkörperten Geistern, aber vielleicht noch mehr, die für uns unsichtbar sind. Alles ist Geist, die Form ist Erscheinung. Wäre der Geist nicht da, so könnte die Erscheinung auch nicht vorhanden sein. Mit unseren körperlichen Augen können wir nur die Dinge sehen, die dem physischen Daseinsplane angehören, mit unseren innerlichen Sinnen, wenn sie in uns erweckt sind, nehmen wir das Übersinnliche wahr. Auch ist die menschliche Wahrnehmung nicht auf das Sehen allein beschränkt; wir sehen die Luft nicht, aber wir fühlen ihre Bewegung, und es kann auch vorkommen, dass wir die Nähe eines Wesens innerlich fühlen, wenngleich unsere innerliche Sehkraft noch nicht hinreichend entwickelt ist, um es zu, erblicken. Wer die Natur liebt, der fühlt den darin wehenden Geist und lernt ihre Sprache verstehen. Nicht nur der sichtbare Körper der Erde, sondern auch die Seele der Welt hat ihre Bewohner, und wo die Geister sich berühren, da spricht Seele zu Seele.

Lord Lytton Bulwer sagt: „Das Leben ist ein alldurchdringendes Prinzip. Sogar die Form, die stirbt und sich zersetzt, bringt neue Formen des Lebens hervor. Bedenkt man, dass jedes Blatt und jeder Wassertropfen, ebenso wie der am Himmel leuchtende Stern eine bewohnbare Welt bildet, so genügt der gesunde Menschenverstand, um zu erkennen, dass auch das ungreifbare Unendliche, das man den Raum nennt, der zwischen der Erde, dem Mond und den Sternen liegt, von dazu passenden Lebensformen erfüllt ist. Wir sehen die Mikroorganismen im Wassertropfen mit Hilfe des Mikroskops. Wie groß und schrecklich erscheinen manche dieser Ungeheuer im Vergleiche mit anderen! Ähnlich verhält es sich mit den Bewohnern des Äthers. Manche von ihnen besitzen übermenschliche Weisheit, andere teuflische Bosheit. Manche sind dem Menschen feindlich gesinnt, andere sind für ihn wie Botschafter zwischen dem Himmel und der Erde." (aus „Zanoni").

Die Wissenschaft ist auf ihrem Wege zur Erkenntnis der Wahrheit auf der Grenze angelangt, die das Reich der groben Materie vom Reiche des Äthers trennt, und indem die Entwicklung der in der Menschheit noch schlummernden innerlichen Wahrnehmungskräfte fortschreitet, werden wir auch fähig werden, die Gegenwart der im Äther wohnenden Wesen, wenn wir mit ihnen in Berührung kommen, nicht nur zu empfinden, sondern auch ihre Formen zu erkennen. Ein geistiges Erwachen wird uns den Zutritt zu jenen noch unsichtbaren Regionen verschaffen, die der Wissenschaft, solange sie geistig blind ist, verschlossen sind. Es ist in gewissen maßgebenden Kreisen zu einer törichten Mode geworden, an statt nach der Verwirklichung des Idealen zu streben, ihm den Rücken zu kehren und den Glauben an den Geist Gottes im Weltall und sein Wirken in der Seele der Welt für Aberglauben zu erklären, und das nicht denkende Volk betet diese Torheiten nach. Solange aber die Repräsentanten der Wissenschaft von diesen Dingen nichts wissen, stehen sie auch den Erscheinungen des Spiritismus und seinen Gefahren gegenüber hilflos da, weil man es bei diesen nicht mit blind wirkenden oder mechanischen Naturkräften, sondern mit selbständigen, intelligenten Wesen zu tun hat.

Zu diesen gehören außer den bereits erwähnten Larven, Astralleichen und Überbleibseln von Verstorbenen sowie von Lügengeistern und Teufeln verschiedener Art besonders neckische Kobolde und überhaupt die Geister der vier Elemente, d. h. die Bewohner des Elementes der Erde, des Wassers, der Luft und des Feuers, die jedem Metaphysiker unter den Namen Gnomen, Nymphen oder Undinen, Sylphen, Salamandern usw. bekannt sind, und bei der Hervorbringung so genannter physikalischer Phänomene, Bewegungen von Gegenständen, Apporten und dergleichen eine Rolle spielen.

Aber es ist nicht unsere Absicht, an dieser Stelle weiter in die Geheimnisse des Spiritismus einzudringen oder die dabei vorkommenden Irrtümer aufzudecken, noch gestattet uns der Raum eine Beschreibung der verschiedenen Klassen von Geistern zu geben, von denen die indische Philosophie angeblich 70 Millionen kennt.

Gleiches findet sich mit Gleichem zusammen. Ein für die Schönheiten der Natur empfängliches Gemüt erkennt die Schönheiten in der Natur, weil es sie fühlt. Eine reine Kindesseele sieht die lieblichen Feen, die in den Blumenkelchen wohnen, die auf den Wellen schaukelnden Undinen, die im Mondlicht tanzenden Elfen, und die segenspendenden Gnomen der Berge sind für sie keine Märchengestalten. Sie spiegelt sich selbst in dem Spiegel der Natur und atmet deren Geist. So wie sie sich der Natur hingibt, so kommt ihr diese entgegen und enthüllt ihren Schleier; der Spötter und Zweifler aber verdirbt, er ist von den dunkeln Einflüssen, die er an sich zieht, wie von einem Rauche umgeben, und sein Eigendünkel erzeugt einen Schatten seiner selbst, der ihn hindert, das Wahre zu sehen.

Man lacht heutzutage über die Götter als Repräsentanten der in der Natur waltenden Kräfte, aber die Weisen erkennen, dass hinter jeder Kraft in der Natur eine Intelligenz ist, von der die Wissenschaft nichts weiß. Alles ist Bewusstsein, aber die Formen, in denen es sich offenbart, sind voneinander verschieden. Nicht nur hat jedes Ding auf Erden seinen Geist, sondern auch die Sterne und Planeten sind die leuchtenden Gewänder des Geistes, der in ihnen wohnt und sie beherrscht. Über allem aber waltet der Gottesgeist, aus dem alle Weisheit kommt, und der gleich dem Lichte der sichtbaren Sonne am Himmel in die Tiefen der Erde dringt und alles erleuchtet. Wer sich dieser Sonne in Liebe naht und sein Herz ihrem Lichte öffnet, der wird von ihrem Lichte erfüllt und fähig werden, in der Kraft des Geistes Gottes im Weltall die Geister in der Natur zu erkennen.

Das goldene Blatt der Weisheit
Seila Orienta/Franz Bardon

Zum ersten Mal in der okkulten Literatur wird die 4. Tarotkarte des Hermes Trismegistos verständlich beschrieben und offengelegt. Sie beinhaltet unbekannte Konzentrations- und Meditationsübungen. Des Weiteren gibt sie Hinweise und erklärt die Unterschiede zwischen Magie und Mystik und Gefahren des einseitigen Weges. Am Ende steht die Verbindung mit der universellen Gottheit, dem Herrn der Sonnensphäre, welcher quabbalistisch „Metatron" genannt wird.

*

5. Tarotkarte – Mysterien des Steins der Weisen
Seila Orienta/Franz Bardon

Dieses Buch stellt die Vorderseite der Alchemie dar, die die einzelnen praktischen Übungsschritte erklärt, ohne die verschlüsselten Mystifikationen der alten Alchemisten auch nur annähernd zu erwähnen, wie man es aus den anderen Büchern des Franz Bardon kennt. Es wird erklärt, dass ohne vollkommene Beherrschung der 4 Elemente keine Alchemie möglich ist. Des Weiteren wird mit den einzelnen Ebenen, mit den Matrizen, dem elektromagnetischen Fluid usw. gearbeitet. Doch den Hauptpunkt stellen die göttlichen Eigenschaften wie z. B. die Allmacht dar, mit denen der Göttliche Stein der Weisen durch gewisse Übungen geladen wird.

*

Talismanologie und Mantramkunde
Seila Orienta/Franz Bardon

Zum ersten Mal werden hier (magisch) geladene Mantrams – Gebetssätze – preisgegeben, welche bei nötiger Reife, Ausgeglichenheit und Reinheit durchdringende Erfolge versprechen. Mantrams sind ja nach Bardon nicht irgendwelche „Suggestionssätze", sondern sie sind Ideenausdrücke, mit denen man mit Mächten, Kräften, Eigenschaften, also Gottheiten, in Verbindung kommen kann. Gleichzeitig werden die dazugehörigen Siegelzeichen der göttlichen Ideen preisgegeben, welche im rituellen

Zusammenhang mit den Mantrams stehen. Ein Buch, das nicht nur die Hermetiker, sondern auch die Anhänger der Yogawissenschaften inspirieren wird!

*

Eine Sammlung der schönsten und lehrreichsten Beschwörungsgeschichten
Hohenstätten

Dieses Buch ist einzigartig, denn es zeigt den zweiten Band von Franz Bardon an Hand von interessanten Evokationsberichten, die genau das bestätigen, was Bardon in seinem Buch geschrieben hat, und noch darüber hinaus. Es werden sensationelle Erlebnisse geschildert, die man sonst niemals findet. Auch aus unveröffentlichten Schriften wird zitiert.

*

Verkörperungen des Meister Arion
Hohenstätten

Man wird beim Lesen dieses Buches nicht glauben, wie viele bekannte und unbekannte Inkarnationen Franz Bardon hatte. Die paar, die im „Frabato" bekannt gegeben wurden, stellen nur einen geringen Teil seiner Verkörperungen dar. Wir mussten, da es dermaßen wenig Literatur über die Verkörperungen gab, wieder Hunderte und Aberhunderte von Büchern, Aufsätzen, Zeitschriften und Artikeln durcharbeiten, bis wir genügend Material für dieses Buch hatten. Aber der Leser wird sich beim Lesen sicherlich über unsere Arbeit freuen, denn sie wird ihn in Erstaunen versetzen!

*

Shamballa, der goldene Tempel des Lichts
Hohenstätten

Dieser Tempel dürfte jeden Leser von Bardons Roman „Frabato" fasziniert haben. Dass es aber in der okkulten Literatur noch viel mehr Informationen darüber gibt, die man aber nur findet, wenn man alles Veröffentlichte gelesen hat, dürfte dem einen oder anderen unbekannt sein. Es wurden wieder ganze Stöße von Büchern durchgesehen und das Ergebnis wird hier veröffentlicht. Es wird aber gleichzeitig darauf hingewiesen, wie viel Schundliteratur es darüber gibt, wie viel Lügen im Umlauf sind, damit sich der Schüler der Hermetik ein klares Bild machen kann. Wir bringen in diesem Buch alles, was wir an Material darüber gefunden haben, und es wird auch noch einiges aus der eigenen Erfahrung, was das Wertvollste ist, mitgeteilt. Nicht nur über den Tempel wird berichtet, sondern auch über die damit verbundene „Bruderschaft des Lichts", deren Sitz er darstellt.

*

Auf der Suche nach Meister Arion
Hohenstätten

Diese Autobiographie eines Schülers der Hermetik des Franz Bardon schildert sein magisches Leben, in welchem zahlreiche Erfahrungen zu den Übungen aus dem Adepten geschildert werden, die die Hauptperson selbst erlebt hat. Es wird der schwere Weg des Adepten aus autobiographischer Sicht gezeigt, seine vielen Tiefschläge, aber auch seine glanzvollen Seiten und Zeiten. Der harte Kampf mit dem Seelenspiegel wird bis in alle Einzelheiten aufgezeigt, genauso wie die vielen anderen Wege, in welche der Autor reinschnupperte, um dadurch reichlich Erfahrung sammeln zu können. Darüber hinaus enthält es unzählige Erfahrungen und Berichte betreffs Mantramistik nach Bardon, die wahre Runenmagie, zahlreiche Evokationen sowie Invokationen mit seinem Lehrer Anion, einen magischen Exorzismus, wie er bisher noch nie öffentlich geschildert wurde. Mentalreisen, Beeinflussungen, Übungen zur Gottverbundenheit, Erscheinungen, Alchemie, Heilungen mit den verschiedensten magischen Methoden z. B. Quabbalah oder durch die Elemente, Schutzgeistevokationen und viele andere magische „Wunder" seines Freundes und Lehrers Anion. Auch einige magische Fotos in Farbe, ein bisher von Bardon unveröffentlichtes Akashafoto von Christus und ein Bild des schwebenden Meister Arion werden in diesem Buch preisgegeben. Der Inhalt ist viel reichlicher, als hier kurz beschrieben werden kann.

*

Magisches Gleichgewicht
Hohenstätten

Dieses Buch zeigt eindeutig, dass in allen anderen Systemen das „Gleichgewicht" genauso gebraucht wird, wie bei Bardons Werken. Er war nicht der Einzige, der das erwähnte, aber er war der erste, der es deutlich erklärte, denn die anderen Systeme sprachen nur durch das Symbol, welches nicht jedem Leser verständlich war. Obendrein bringen wir noch Unveröffentlichtes vom Meister Arion zu dieser Grundlage der magischen

Entwicklung.

*

Das Leben und die Erfahrungen eines wahren Hermetikers
Seila Orienta

Diese Autobiographie eines Magiers ist unübertroffen, denn bis jetzt hat kein einziger okkult Geschulter so offen und ehrlich gesprochen wie Seila Orienta. Er gibt in diesem Werk sein Leben bekannt, sowie seine zahlreichen und äußerst interessanten Erlebnisse und Erfahrungen. Es werden auch zum ersten Mal Fotos von Wesen der Sphären gezeigt, welche Franz Bardon höchstpersönlich in den 1920ern gemacht hat. Des Weiteren schreibt Seila Orienta über die Sphären, über Dämonen, Logenkontakte und vieles, vieles mehr, was einem ehrlich strebenden Hermetiker das Herz übergehen lassen wird.

*

Das Leben des Franz Bardon
Hohenstätten

Dieses Buch beschreibt das Leben des Meisters außerhalb des Frabatos, welches seine Sekretärin – Otti V. – geschrieben hat. Es beinhaltet Erklärungen zu seiner „Biografie", weitere Einzelheiten über den Kampf mit der FOGC, seine Beziehung zu Wilhelm Quintscher und anderen Okkultisten, was alles bisher unbekannt war! Des Weiteren werden viele Erlebnisse seiner Schüler in Prag erzählt, verschiedene magische Leistungen und interessante Geschichten Bardons beschrieben, die bis dato unveröffentlicht sind. Es werden auch seine drei Lehrwerke und deren Wirkung auf die Öffentlichkeit von einem anderen, unbekannten Standpunkt geschildert, welcher durch bisher schwer zugängliche Schriften unterstützt wird. Als Krönung wird seine aus dem Tschechischen übersetzte „Runenschrift" zum ersten Mal veröffentlicht. Auch einige Seiten aus anderen unveröffentlichten Schriften von ihm sowie interessante Fotos des Meister Bardon und seiner Freunde werden hier preisgegeben und vieles, vieles mehr.

*

In Verbindung mit der Gottheit
Hohenstätten

Über das Thema der Gottverbundenheit mit all seinen Formen und

106

Methoden wurde bis heute noch nie ein Buch verfasst, geschweige denn eine Schrift geschrieben. Man findet in der okkulten wie in der östlichen Literatur nur spärliche Hinweise, die größtenteils verschlüsselt sind oder so geschrieben wurden, dass man sie kaum versteht. Im Gegensatz dazu wird in diesem Buch offen dargelegt, dass das 1. kleine Arkanum der 78 Tarotkarten die Gottverbundenheit in ihrer Reinform darstellt.

*

Hermetische Heilmethoden
Hohenstätten

Dieses Buch stellt in der okkulten Literatur ein absolutes Unikum dar, denn über die Gesamtheit der okkulten Heilmethoden wurde bis jetzt noch NIE etwas Sinnvolles geschrieben. Es werden alle Heilmethoden erwähnt, die der hermetische Schüler mit Hilfe seiner bisher erlangten Konzentrationsfähigkeit ausüben und verwenden kann.

*

Erste hermetische Zeitschrift

„Der hermetische Bund teilt mit" ist eine der wenigen magisch-mystischen Zeitschriften, welche sich soweit als möglich auf die universelle Lehre von Franz Bardon bezieht. Sie versucht sich an die Gesetze des 4-poligen Magneten zu halten und vermittelt Wissen sowie Hinweise für die Praxis, damit der Leser die Möglichkeit hat, sie in seinen hermetischen Weg aufzunehmen und für sich gewinnbringend zu verarbeiten.

Noch viel mehr hermetische Literatur finden Sie auf unserer Website: http://www.hermetischer-bund.com.

Viel Vergnügen beim Stöbern!

Der Verlag